RÜGEN

HIDDENSEE STRALSUND

W0311915

INSIDER-TIPP
Deine Abkürzung ins Erleben!

Reisen mit MARCO POLO Insider-Tipps

MARCO POLO TOP-HIGHLIGHTS

PRORA ★ 1
Auferstanden aus Ruinen: Graue Betonblöcke waren gestern, heute herrschen Luxus, Spaß und Vielfalt.

➤ S. 46, Bäderküste

NATURERBE ZENTRUM RÜGEN ★ 2
Winke auf dem Baumwipfelpfad den überrascht vorbeifliegenden Vögeln zu!

Tipp: Die Kurven im inneren Aussichtsturm „Adlerhorst" sind mindestens so fotogen wie das Panorama außen!

➤ S. 47, Bäderküste

SEEBRÜCKE SELLIN ★ 3
Wellenreiter: Am Fuß der „Himmelsleiter"-Stufen steht ein fotogener Palast im Meer (Foto).

Tipp: Von der „Himmelsleiter" aus lassen sich die besten Panoramaaufnahmen schießen.

➤ S. 49, Bäderküste

KAP ARKONA ★ 4
An Rügens „Nordkap" kann man von ganz unterschiedlichen Türmen aufs Meer hinausblicken.

➤ S. 62, Jasmund und Wittow

KÖNIGSSTUHL ★ 5
Leuchtet weißer als weiß! Nicht umsonst liebte schon Maler Caspar David Friedrich Rügens Wahrzeichen Nummer eins.

Tipp: In ihrer vollen Schönheit erstrahlen die Kreidefelsen, wenn sie von einem Ausflugsboot aus fotografiert werden.

➤ S. 71, Jasmund und Wittow

SCHAABE 6

Acht Kilometer feiner Sandstrand, sanfte Ostseewellen und sonst nichts: Rügens Badeparadies.

➤ S. 67, Jasmund und Wittow

STÖRTEBEKER-FESTSPIELE 7

Fluch der Karibik, Ostsee-Style: Auf der Freilichtbühne am Jasmunder Bodden erobert Klaus Störtebeker auch dein Herz im Sturm. Und danach: Feuerwerk!

Tipp: Selfies am besten in den Pausen direkt vor der Bühne machen – mit Kulisse und Natur im Hintergrund.

➤ S. 82, Bodden und Binnenland

RASENDER ROLAND 8

Alles einsteigen: unter Dampf von Putbus nach Göhren, vorbei an schönsten Insellandschaften.

Tipp: Für ein Bild des ganzen Zugs zwischen Sellin und Baabe vom hinteren Wagen aus nach vorn fotografieren!

➤ S. 84, Bodden und Binnenland

LEUCHTTURM DORNBUSCH 9

Hiddensee ganz oben: Von der Aussichtsplattform über die ganze Insel und bis nach Dänemark schauen.

➤ S. 103, Hiddensee

OZEANEUM 10

Viel Meer als ein Aquarium: Staunen zwischen Fischschwärmen, Lachen mit den Pinguinen und Spazieren am Grund der Ostsee – alles trockenen Fußes in Stralsund.

➤ S. 110, Stralsund

INHALT

JASMUND UND WITTOW
HIDDENSEE
BODDEN UND BINNENLAND
BÄDERKÜSTE
STRALSUND

⏲	Besuch planen
€–€€€	Preiskategorien
(*)	Kostenpflichtige Telefonnummer
🍴	Essen/Trinken
🛍	Shoppen
🍸	Ausgehen
⛱	Top-Strände

(🗺 A2) Herausnehmbare Faltkarte
(0) Außerhalb des Faltkartenausschnitts

BESSER PLANEN MEHR ERLEBEN!

Digitale Extras
go.marcopolo.de/app/rue

DAS BESTE ZUERST

Hörst du beim Blick auf den Gager Hafen auch direkt die Wellen plätschern?

BEST OF

BEI REGEN

SCHÖN, AUCH WENN ES REGNET

ZWISCHEN SÄULEN SAUNEN

Im Wellnesstempel *Badehaus Goor* wirst du geknetet, gekreidet und gepampert – in einem Ambiente, das Julius Cäsar gut gefallen hätte. Nach solch einem Verwöhntag wirkt der schlimmste Regen wie flüssiger Sonnenschein (Foto).

➤ S. 86, Bodden und Binnenland

70 MIO. JAHRE ZURÜCKREISEN

Die Zeitschleuse im *Nationalpark-Zentrum Königsstuhl* wirft Besucher zurück in die Kreidezeit, wo die Stubbenkammer ihren Ursprung hat. Dazu ein Tunnel durch die Erde, ein Multivisionskino – schwups, ist der Regentag um.

➤ S. 71, Jasmund und Wittow

BEIM HAUPTMANN VORBEISCHAUEN

Vor gut 100 Jahren war Gerhart Hauptmann ein Star, jeder wollte seine Theaterstücke sehen – und er, der Literaturnobelpreisträger, wollte nur eins: nach Hiddensee. Schau vorbei in seinem ehemaligen *Haus* mit dem Schreibzimmer!

➤ S. 102, Hiddensee

INS TROPISCH WARME WASSER SPRINGEN

Wenn's draußen regnet, merkt man das im großen Familienspaßbad *Splash* in Sagard nur daran, dass die Tropfen an der hohen Glasfassade hinabrinnen. Aber vor lauter Schwimmspaß, Saunen und Spa ist das ganz schnell wieder vergessen.

➤ S. 69, Jasmund und Wittow

SEHEN, WAS DIE WIKINGER SO TRIEBEN

Der Wikinger-Goldschatz, der um 1870 an Hiddensees Küste angespült wurde, birgt viele Geheimnisse. Was man bisher herausgefunden hat, erfährst du im *Stralsund-Museum*, das mit seinen Gewölben selbst ganz geheimnisvoll wirkt – gerade bei grauem Himmel.

➤ S. 111, Stralsund

BEST OF

LOW-BUDGET

FÜR DEN KLEINEN GELDBEUTEL

HIDDEN SEHEN

Hiddensees geschützte Natur sehen, erklärt bekommen und (auf einem Erlebnispfad) hautnah bestaunen: Das alles geht im *Nationalparkhaus* von Vitte. Beratung und Eintritt zu Ausstellung und Naturpfad sind gratis (Foto).

➤ S. 98, Hiddensee

WAS GUTES IM BAUCH

Sylvia Marquardt kocht in ihrem Bergener Imbiss *Suppenkasper* täglich frische Eintöpfe und Suppen. Besser und günstiger wird man nicht satt.

➤ S. 80, Bodden und Binnenland

MIT ALLEN SINNEN ERHOLEN

An Spiel- und Sinnesstationen kann man im *Park der Sinne* am Schmachter See bei Binz ganz nebenbei ein wenig Alltagsphysik kennenlernen. Wie bricht sich Licht? Wie entstehen neue Farben? Einfach ausprobieren – macht Spaß und kostet nichts.

➤ S. 43, Bäderküste

BUCHCLUB

Frische Urlaubslektüre für umme steht in den Regalen der *Bücherschale Binz*. Im Gegenzug kannst du selbst gelesene Bücher dort stehen lassen: Freut andere und erleichtert das Urlaubsgepäck.

➤ S. 44, Bäderküste

GUTE KARTEN

Seit 1765 werden in Stralsund Spielkarten gedruckt. In der *Spielkarten-Fabrik* schaust du (für lau) denen über die Schulter, die die Tradition am Leben erhalten. Mitmachen erlaubt!

➤ S. 111, Stralsund

AUSSCHAU HALTEN

Früher suchten die Lotsen von Thiessow das Meer nach Schiffen ab, damit sie nicht in die Hände von Strandräubern gerieten. Heute ist der frühere *Lotsenturm* ein Stück Geschichte, das man (kostenlos) erklimmen darf: Top-Ausblick garantiert!

➤ S. 56, Bäderküste

BEST OF

MIT KINDERN

SPANNENDES FÜR GROSS & KLEIN

AUF SAND GEGOLFT
Gepflegte Langeweile mit englischem Rasen, Lederhandschuhen und Caddy? Nein, danke! Beim *Dünengolf* mit Ostseeblick (zwei Bahnen: Rügen im Miniformat und Piraten) zählt nur der Fun für Kurze und Große.
➤ S. 55, Bäderküste

DOKTOR PROKTOR NACHEIFERN
So viel Experimentierfläche gibt's sonst nur bei verrückten Wissenschaftlern. Was in der Schule nur unterrichtet wird, könnt ihr in der *Galileo Wissenswelt* selbst ausprobieren. Bio, Physik, Technik werden so zum großen Spaß.
➤ S. 46, Bäderküste

IN DEN BÄUMEN ABHÄNGEN
Draußen zu heiß? Im *Waldseilpark* hinter Altefähr ist es schattig und aufregend noch dazu. Helm auf, Karabiner eingeklinkt und ab geht's in die Bäume. Ein sicherer Kletterspaß auch für Ungeübte.
➤ S. 113, Stralsund

DER MIT DEM ERDBÄR TANZT
Vergnügungspark trifft Bauernhof: Auf *Karls Erdbeerhof* rutschen Kinder auf Kartoffelsäcken, bemalen Töpferwaren oder schmeißen sich ins Maislabyrinth. Und toben sich zwischendrin auf einem der großen Spielplätze aus.
➤ S. 45, Bäderküste

KNOTEN KNOTEN
In der *Groot Partie* von Neuendorf gehören die Sommernachmittage den Kindern. Dann wird gebacken, oder es gibt Unterricht: in der Knotenschule, die jeder besuchen muss, der ein echter Seemann werden will.
➤ S. 104, Hiddensee

GROOOOAAAAAAAR
Wenn der T-Rex lauthals durch das *Dinosaurierland* brüllt, dann kriegt man vor Lustgruseln schon mal eine Gänsehaut – vor allem, wenn er sich beim Brüllen auch noch nach einem umdreht!
➤ S. 68, Jasmund und Wittow

BEST OF

TYPISCH

DAS ERLEBST DU NUR HIER

EIN MEER AUS FEUERSTEINEN

Die *Feuersteinfelder* wurden vor knapp 4000 Jahren an der Schmalen Heide angespült. Zwischen Moor und Kiefernwald wirken sie so unwirklich, als wären sie vom Himmel gefallen.

➤ S. 48, Bäderküste

BEI DEN FISCHERN VON VITT

13 Reetdachhäuschen in einer kleinen Bucht: Im Fischerort *Vitt* ist die Zeit stehen geblieben, nicht einmal Autos sind erlaubt. Am besten läuft man in der Nebensaison hierher und genießt die fantastische Aussicht.

➤ S. 64, Jasmund und Wittow

HIDDENSEE LESEN WIE EIN BUCH

Ute Fritsch kennt Hiddensee und seine Literaten: Auf ihren *Spaziergängen* zitiert sie Ringelnatz, erklärt die Hintergründe des großen Inselromans „Kruso" oder stellt Autoren vor, die man noch gar nicht kannte.

➤ S. 100, Hiddensee

IN RÜGENS URWALD

So wie die Buchenwälder im *Nationalpark Jasmund* (Foto) sah einmal ganz Deutschland aus. Vom Welterbeforum aus läufst du durch fast sakral anmutende Baumhallen in grün eingefärbtem Licht bis zum Steilufer mit seinen Kreidefelsen.

➤ S. 70, Jasmund und Wittow

VORHANG AUF!

Stuck, Samt, Marmor und eine Fürstenloge machen das *Theater Putbus* zur edelsten Bühne der Gegend. Und einen Besuch zur Pflicht.

➤ S. 86, Bodden und Binnenland

ZU FISCH WIE DIE STRALSUNDER

In der urigen *Fischhalle* im Stralsunder Hafen muss man meistens anstehen, um den Fisch an der Theke auszuwählen, aber es lohnt sich jedes Mal wieder!

➤ S. 112, Stralsund

SO TICKT RÜGEN

Rügenurlaub? Käpt'n Fellnase hier im Lauterbacher Hafen ist schon an Bord

D14

ENTDECKE RÜGEN

Allee mit Reh: ein Grund mehr, die alten Straßen gemütlich mit dem Rad zu erkunden

Tief einatmen! Deutschlands größte Insel riecht nach Salz und Wellen, feuchter Erde und dichten Buchenwäldern, Kornblumen und reifen Brombeeren. Aber auch nach hausgemachter Sanddornmarmelade und geräuchertem Butterfisch. Rügen, das ist Genuss und Lebensfreude, Ideenreichtum und Ausgelassenheit, Freiheit bis zum Horizont und vor allem: Erholung pur.

KLEINE, GROSSE VIELFALT

Rügen ist klein, aber groß: 926 km², das sind Hamburg und Bremen zusammen. Für 70 000 Rügener also eine Menge Platz – außer im Sommer, wenn die meisten der jährlich 1,4 Mio. Urlauber dazukommen. Doch Strand gibt's genug. Und dann ist da ja noch der Rest der Insel: das lang gezogene Mönchgut mit den lindgrünen Zickerschen Bergen, die dichten Wälder der Granitz und die edlen Seebäder Göhren, Sellin, Baabe und Binz. Die schroffe Halbinsel Jasmund mit

ca. 3500 v. u. Z. Steinzeitmenschen bauen erste Hünengräber auf Rügen

um 600 Das westslawische Volk der Ranen siedelt sich an

1168 Dänische Truppen erobern die Jaromarsburg

1648 Die Region wird schwedisch

1815 Rügen fällt an Preußen

1875 Fürst Wilhelm Malte zu Putbus macht Binz zum Seebad

1936 Jungfernfahrt mit dem Zug über den neuen Rügendamm

der bewaldeten Stubbenkammer und den leuchtenden Kreidefelsen im Nordosten, die flache, nahezu unbewaldete Halbinsel Wittow im Nordwesten. Der ursprüngliche Westen Rügens, schließlich die von Seen und Bodden durchzogene, früher „Muttland" genannte Inselmitte (nach den dort gehaltenen Mutten, so bezeichnete man die Sauen) und der ruhige Südosten mit der fürstlichen Residenzstadt Putbus. Wo es am schönsten ist? Das musst du selbst entscheiden. Aber bloß nicht die anderen Inseln des Rügen-Archipels vergessen: Hiddensee, Ummanz, Vilm. Von Stralsund, dem backsteinfarbenen Tor nach Rügen, ganz zu schweigen.

HART ARBEITENDE TRÄUMER

Rügen ist eine Insel im Umbruch: Noch immer beackern Landarbeiter die großen Felder der ehemaligen LPGs, die heute Agrarprodukt GmbH oder ähnlich heißen. Gleichzeitig entstehen kleine Biohöfe, auf denen alte Nutztierrassen oder einheimische Kräuter gezogen werden. Am Fährhafen Mukran leisten Fahrer und Arbeiter Schwerstarbeit beim Verladen. Inselschreiner widmen sich wochenlang einem Möbelstück, Juweliere schmieden schmucke Unikate, Töpferinnen brennen handgemachte Krüge. Hier leben Künstler und Kellner, Schiffsführer und Schlossherren, Fischer und Verkäufer. Menschen, die sich auf der Insel ihren Lebenstraum erfüllen.

EINE SAMSTAGSPRODUKTION

Rügen ist ein ganz besonderer Ort, und zufällig wissen die Rüganer genau, wie er entstanden ist. Als nämlich Gott am sechsten Tag fertig war, die schwedische Küste

1946 Nach dem Zweiten Weltkrieg leben rund 370 000 Flüchtlinge auf Rügen

1953 Aktion Rose: DDR-Führung enteignet private Hotelbesitzer

1989 Mit dem Mauerfall beginnt das Ende der DDR

2002 Altstadt von Stralsund wird Unesco-Weltkulturerbe

2011 Der Buchenwald im Nationalpark Jasmund erhält Unesco-Welterbe-Status

2023 Eröffnung des Skywalks am Königsstuhl

zu modellieren, hatte er in seinem Eimer noch ein bisschen Erde übrig. Er drehte sich um, fand, dass da vor der pommerschen Küste noch ein bisschen Platz war, und schleuderte die Erde in diese Richtung, wo sie sich wie ein komischer Klecks ausbreitete. Noch schnell eine richtige Insel draus formen? „Nein", dachte sich Gott. „Ist Wochenende." Dagegen klingt doch die Entstehungsgeschichte mit den 3 km dicken Gletschern, die in der letzten Eiszeit Gestein aus Skandinavien mitbrachten und durch ihr Gewicht Kalksedimente nach oben drückten, fast fantastisch.

ZWISCHEN EIDECHSEN UND HÜNENGRÄBERN

Gletscherzungen haben auch die Vertiefungen geschaffen, in denen heute die Boddengewässer stehen. Läge Rügen in der Südsee, würde man sie Lagunen nennen. Im Bodden knutschen Salz- und Süßwasser, dort leben bedrohte, oft einmalige Arten, so wie überall auf der Insel. Die ungiftige Glattnatter etwa und die Zauneidechse, die lila blühende Wiesen-Kuhschelle und auch der vorübergehend fast verschwundene Seeadler. Inzwischen kann man auf Rügen wieder Paare beim Brüten beobachten, aber bitte aus gebührendem Abstand! Ein Spektakel veranstalten die bis zu 100 000 Kraniche, die im Herbst Rast auf Ummanz machen, Europas größtem Kranichrastplatz. Auch im Frühjahr ziehen Tausende Kraniche auf ihrem Weg nach Norden durch. Auf Rügen begegnest du außerdem ständig der Geschichte: bis zu 5000 Jahre alten Hünen- und Hügelgräbern, renovierten Herrenhäusern des pommerschen Landadels oder mittelalterlicher Backsteingotik – einem Stil aus der reichen Hansezeit, den du in voller Pracht in Stralsund bewundern kannst.

VIEL SONNE, NOCH MEHR MAGIE

Auf der Wetterkarte im Fernsehen liegt mal wieder eine Wolkendecke über Deutschland? Dann schnell nach oben rechts gucken: Die Chancen stehen gut, dass dort Rügen hervorblitzt. Nirgendwo in Deutschland gibt es so viele Sonnenstunden wie hier, nicht zuletzt des frischen Ostseewinds wegen. Wenn es regnet, dann selten lange. Und nur ein paar Kilometer entfernt kann zur selben Zeit die Sonne scheinen. Wetter auf Rügen ist so kleinräumig, dass selbst der Vorhersage in der Regionalzeitung nur bedingt zu trauen ist. Deshalb bloß nicht lange fackeln, wenn die Sonne scheint! Rügen ist sowieso kein Ziel bloß für einen Sommer. Im Herbst mit seinen langen Abenden und den noch warmen Tagen hast du viele Orte für dich allein, kannst sogar noch baden, wenn das Wetter mitspielt. Im Winter, wenn Rügen mit einer Schneedecke überzogen ist, ist es still und einsam. Eine fast magische Atmosphäre, die nicht nur Caspar David Friedrich zu so manchem Bild inspiriert hat. Wenn die Tage wieder länger werden, dauert es, bis die Natur erneut zu sprießen beginnt. Aber sobald es losgeht, blüht in kurzer Zeit die ganze Insel, und die Gesichter der Menschen hellen sich über Nacht auf. Wer auf Rügen lebt, der weiß, dass er an einem der schönsten Flecken Deutschlands sein Zuhause hat. Und wer hier Urlaub macht, darf dieses Glück eine Zeit lang teilen.

INSIDER-TIPP
Wetter-vorhersage? Wertlos!

AUF EINEN BLICK

70 000
Einwohner

Stralsund: 59 600
Hiddensee: 1000

70 MIO.
Jahre

ist Rügens Kreide alt

574 km
Küstenlänge

Das ist fast die Hälfte von Deutschlands Festlandküste (1200 km)

65 %

der Fläche Rügens stehen unter Naturschutz

PIEKBERG
161 m

der höchste „Berg" Rügens, in der Stubnitz

SONNENSTUNDEN

2141

WURDEN 2022 AM KAP ARKONA GEMESSEN, IN FREIBURG (BADEN-WÜRTTEMBERG): 2018

RASENDER ROLAND?

Eher schön langsam: Mit 30 km/h Spitzengeschwindigkeit zuckelt die Schmalspurbahn über die 24 km langen Gleise.

926 km²
FLÄCHE

Mallorca ist viermal so groß, Deutschlands Nr. 2 Usedom nicht mal halb so groß

2,6 MIO. LITER
fasst das größte Becken im Stralsunder Ozeaneum

300 m
IST HIDDENSEE AN SEINER SCHMALSTEN STELLE BREIT

RÜGEN VERSTEHEN

RÜGENER, RANE, RÜGANER

Sie heißen Merle, Lars oder Mohammed: Jeden Montag präsentieren Eltern in der Ostsee-Zeitung stolz ihre auf Rügen geborenen Babys. Sie alle dürfen sich Rüganer nennen – wer später zuzieht, und sei es in zartem Kindesalter, schafft es maximal zum Rügener. Wobei echte Rüganer behaupten, dass es auf der Insel eigentlich nur Mönchguter, Wittower oder Jasmunder gibt, von Hiddenseern und Ummanzern (und erst recht den Stralsundern!) mal ganz abgesehen. Blieben noch die Ranen, ein ursprünglich westslawisches Volk, das es sich zwischen dem 7. und dem 14. Jh. auf Rügen gut gehen ließ. Ihr Gott hieß Svantevit, hatte vier Köpfe und wurde in Tempeln wie der Jaromarsburg am Kap Arkona verehrt. An Werktagen räuberten die Ranen Schiffe aus, als Seeräuber waren sie den Wikingern ähnlich. Und echte Rüganer.

BERNSTEIN ON FIRE

So findest du todsicher heraus, ob der Stein vom Strand ein Bernstein ist: zum Feuerzeug greifen und den Stein anzünden. Wenn er brennt, war es Bernstein – denn der ist eigentlich kein Stein, sondern versteinertes Harz. Das brennt, und leider ist der Bernstein dann auch weg. Werterhaltender ist der andere Test: zwei Esslöffel Salz in ein Glas Wasser, umrühren und den Bernstein reinlegen. Was oben schwimmt, ist Bernstein. Ganz selten ist übrigens Bernstein, in dem Tiere oder Pflanzen eingeschlossen sind (sie haben sich vor bis zu 200 Mio. Jahren im klebrigen Harz verfangen und wurden lebend eingebettet). Dann ist auch ohne Probe klar: Es muss Bernstein sein.

AM HINTERN

Es heißt ja immer, die Norddeutschen reden wenig – aber sie wählen ihre Worte mit Bedacht! Die Gasse zwischen der Papen- und der Frankenstraße in Stralsunds Altstadt war im Mittelalter tatsächlich so eng, düster und schmutzig, dass sie jahrhundertelang „Arschkerbe" hieß. Erst 1624 wurde sie umbenannt, weniger deftig hieß sie fortan „Karrenstraße". Aber wenn man an der Ecke zur Frankenstraße hochschaut und die aufwärts kletternde Skulptur sieht, die einem den nackten Hintern entgegenstreckt, dann ist klar, dass manche Namen nie vergessen werden.

BESTSELLERAUTOR

Hätte Johann Jacob Grümbke doch nur ein paar Jahrhunderte später gelebt, er wäre als Bestsellerautor berühmt und seine „Reisen durch das Rügenland" verfilmt worden. Sie sind eine Art „Ich bin dann mal weg" minus Kerkeling und Jakobsweg, eine hipstermäßige Rückbesinnung auf das Ursprüngliche. Hipster gab es 1805 aber noch nicht. Grümbkes Devise: „Väter, wollt Ihr Eure Söhne bilden, dann schickt sie bloß nicht an Universitäten" (sondern in die Natur), klingt heute trendiger als damals. Trotzdem machte sich Grümbke als Autor einen Namen –

als der Mann, der jedes Hünengrab und jeden Hügel beschrieb und im Zweifel auch malte. In Neuenkirchen ist Grümbke ein Aussichtsturm an der Stelle gewidmet, wo er selbst von der fantastischen Aussicht schwärmte: oben auf dem Hoch Hilgor.

DONNERKEIL, EIN HÜHNERGOTT!

Donnerkeil: nicht verwandt mit dem Donnerlittchen, also kein Schimpfwort – sondern die versteinerten Überreste steinzeitlicher Kopffüßler. Das wiederum sind nicht die Leute, die am Strand den Kopf gesenkt halten und sich manchmal zu den Füßen hin bücken, weil sie etwas gefunden haben. Diese Sammler halten dann längliche, pfeilspitzartige Steine prüfend gegen das Sonnenlicht, auf der Suche nach Donnerkeilen – oder Teufelsfingern, wie sie auch genannt werden. Eine gute Ausbeute winkt vor allem nach Stürmen, wenn das Meer die leer gesuchten Strände wieder aufgefüllt hat.

INSIDER-TIPP
Einmal frische Steine, bitte!

Bestimmt findest du dann auch einen Feuerstein, in dem ein kreisrundes Loch klafft: einen Hühnergott! Der wird so genannt, weil die Steine in alten Zeiten tatsächlich an einem Strick Hühnern um den Hals gehängt wurden, um böse Hausgeister fernzuhalten. Heute sind es Urlauber, die sich besonders schöne (und nicht ganz so große) Hühnergötter umhängen. Ein typischeres Andenken gibt es nicht. Und Glück sollen Hühnergötter auch noch bringen.

NACKTES VERDERBEN?

Einmal im Jahr ging Hertha baden, und zwar nackt. Das ist auf Rügen

Zugegeben, für so eine Bernsteinsammlung braucht es ordentlich Finderglück am Strand

So Ufo-tastisch kann DDR-Beton aussehen – Punktlandung, Captain Müther!

nichts Ungewöhnliches, auch wenn seit der Wende in manchen Ostseebädern schamhafter als früher zwischen Textil- und FKK-Zonen unterschieden wird. Die neue Prüderie erinnert an die Gründerjahre der DDR: Da regte sich der Dichter und Kulturminister Johannes R. Becher derart über die Nackigen am Strand auf, dass ein Nacktbadeverbot erlassen wurde. Bald galt Nacktbaden daher sogar als subversiv! Die Staats- und Parteiführung schwieg daraufhin. Und ertrug sogar, dass Hans-Joachim Wolle in der beliebten Fernsehshow „Außenseiter Spitzenreiter" die Prüden der Lächerlichkeit preisgab. Bei seinen regelmäßigen Umfragen fragte der (selbst nur mit einem Tonbandgerät bekleidete) Reporter die Nackten am Strand nach Benimmregeln und ließ die versammelten Badenden auch mal spontan im Chor „Stille Nacht, heilige Nacht" anstimmen. Doch zurück zu Hertha, einer Göttin aus Rügens vorchristlicher Zeit. Einer Sage nach verschlang der nach ihr benannte See (heute im Nationalpark Jasmund) all jene, die sie bei ihrem Bad nackt gesehen hatten. Das wäre wohl selbst Johannes R. Becher zu weit gegangen.

NOT MACHT ERFINDERISCH

Was tun als Architekt, wenn es wenig Steine, kaum Holz, keinen Kitt gibt? In der rohstoffarmen und chronisch klammen DDR kam das ständig vor, aber Ulrich Müther ließ sich davon nicht beeindrucken. Einen Werkstoff gab es schließlich en masse: Beton. In den 60er-Jahren erprobte der 1934 in Binz geborene Bauingenieur wie kaum ein anderer, was man damit alles anstellen konnte. Mit Erfolg. Müthers frei schwebende Platten und mehrfach gebogene Flächenschalen waren futuristisch und weltweit gefragt. Er baute eine Moschee in Jordanien und die Kuppel des Planetariums von Wolfsburg – eine Arbeit, die die DDR-Führung sich in VWs bezahlen ließ. Einige der schönsten Müther-Bauten stehen bis heute auf Rügen: eine außerirdisch anmutende Bushaltestelle in Buschvitz bei Bergen, das berühmte Ufo in Binz oder die Ostseeperle in Glowe. 2007 starb Müther. Sein Grabstein auf dem Binzer Friedhof trägt das Logo des einstigen VEB Spezialbetonbau Rügen.

KRRRIIIIK!

Du kennst dieses schreckliche Geräusch, wenn Kreide auf der Tafel ... Wie gut, dass die Rügener Kreide nicht zu Schulkreide verarbeitet wird, die besteht inzwischen aus Gips. Und Rügener Kreide wäre dafür auch viel zu schade. Denn das weiße Inselgold, das sich über mehr als 60 Mio. Jahre aus Muschel- oder Seeigelschalen zu feinem, samtweichem Calciumcarbonat entwickelt hat, besitzt Heilkräfte. Unreine Haut? Entzündete Gelenke? Muskelschmerzen? Alles Einsatzgebiete für Rügensche Heilkreide. Einfach ausprobieren, schaden wird es nicht. Denn eine Packung mit der warmen, weichen Heilkreidemischung ist auf jeden Fall eins: sehr entspannend. Und kommt ohne quietschende Nebengeräusche.

ROLAND RAST

Wer in, sagen wir, Putbus lebt und in Binz arbeitet, hat es wirklich gut. Denn der kann jeden Morgen in den wohl ungewöhnlichsten Nahverkehr des Landes einsteigen. Die Schmalspur-

KLISCHEE KISTE

SCHWAFELN? NEIN, DANKE

Rügener sind mundfaul? Das stimmt. Plaudern auf Rügen, das geht so: Tach. Jo. Wetter? Jo. Sonst? Jo. Jo. Tschüß. Jo. Dazwischen: Schweigen. Das können die Rügener gut, auch mal ein großes Pils und einen Korn lang und noch länger. Wenn du ein bisschen auf der Insel bleibst, dann merkst du erst, wie schön dieses Schweigen ist. „Was sag ich bloß?" – Diese Überlegung gibt's hier nicht. Da schweigt man lieber.

LAAANGEWEILE AM STRAND

Rügen ist langweilig? Das ist Blödsinn. Faul am Strand zu liegen, gehört natürlich dazu und ist – seien wir ehrlich – traumhaft. Aber wenn nach zwei Tagen die Haut um Hilfe ruft, dann ist die Wahl an Alternativen fast endlos. Kitesurfen, Stand-up-Paddling, Golf, Angeln, Yoga, Wandern ... Man könnte ein Buch über diese Vielfalt schreiben. Huch, das hältst du ja gerade in der Hand.

STAU-INSEL RÜGEN?

Auf Rügen steht man ständig im Stau? Zur Hochsaison stimmt das (zu) oft, zumindest in den beliebtesten Ecken. Deshalb die Alternativen in Betracht ziehen: Bus, Bahn, Rad, Füße. Da wird der Urlaub gleich entspannter.

bahn mit 75 cm Spurweite und einer schnaufenden Dampflok vorne dran ist kein Touristenzug, sondern für viele Rügener schlicht ein Verkehrsmittel. Deshalb fährt der *Rasende Roland* (s. S. 84) auch bei Wind und Wetter, selbst wenn im tiefsten Winter oft nur einer der Waggons beheizt ist. Im Februar 1895 wurde die „Rügensche

Früher Bausparmaßnahme, heute Bausparertraum: ein Dach mit Schilf aus Rügener Ernte

Kleinbahn Aktiengesellschaft" gegründet, fünf Monate später war die Strecke Binz–Putbus bereits in Betrieb. Heute verbindet die Bahn Göhren mit Baabe, Sellin, Binz und Putbus, dazu kommen acht weitere Bedarfshalte. Im Sommer wird der Zug sogar bis zur Lauterbacher Mole verlängert.

STÖRTI!

Klaus Störtebeker (auch Klaas, Claas oder Nikolaus Storzenbecher) wurde als Anführer der als Seeräuber gefürchteten Vitalienbrüder 1401 in Hamburg geköpft. Ausgerechnet an Bord eines Schiffs namens „Bunte Kuh" wurde er in die Hansestadt überführt. Für diese Schmach rächte er sich dann, indem er – bereits geköpft – an elf seiner Gefährten vorbeilief und ihnen damit das Leben rettete.

Du merkst schon, von harten Fakten kann in diesem Zusammenhang keine Rede sein. Eher soft sind auch die Verbindungen Störtebekers nach Rügen. Aber ganz ehrlich: Wo anders sollte ein so mutiger Pirat geboren sein, wenn nicht auf Deutschlands schönster Insel? Auf dem Südbug bei Dranske etwa, so geht ein Gerücht, oder in Ruschvitz bei Glowe. Weil die Gerüchte aber schon mehr als 650 Jahre alt sind, kann man sich nicht ganz auf sie verlassen. Fest steht dagegen, dass die *Störtebeker-Festspiele* (s. S. 82) auf der Naturbühne von Ralswiek (wo einer seiner 18 Schlupfwinkel gewesen sein soll) jährlich viele Tausend Zuschauer anlocken. Auf die Piratenabenteuer stößt man dort mit einem kalten Störtebeker Pils an, das liebevoll „Störti" genannt wird.

BLOSS KEINE GROSSPROJEKTE

Er sollte 104 m hoch werden und, so Kritiker, eine der schönsten Ecken Rügens verschandeln: Den gigantischen Wohnturm von Prora verhinderten die Bewohner von Binz und Prora erst in einer Volksabstimmung, da aber mit 83 Prozent der Stimmen. Überall auf Rügen gibt es Projekte, über die die Rügener streiten – einfach mal fragen. Das Problem: Je bombastischer der Vorschlag der Investoren, desto größer die Hoffnungen der Gemeinderäte auf Steuereinnahmen und Arbeitsplätze – und desto größer zugleich die Gefahr, Rügens Charakter zu zerstören. Ob ein riesiges Wellnesshotel, ein neuer Spaßpark oder Straßenbauprojekte, zu streiten gibt es auf Rügen auch in den kommenden Jahren genug.

ZUM STRÄUCHERMELKEN

Im Herbst leuchten Rügen und Hiddensee in strahlendem Orange: Dann sind sie reif, die Sanddornbeeren, die botanisch keine Beeren, sondern Scheinsteinfrüchte sind. Das macht sie nicht weniger lecker, und deshalb steckt die „Zitrone des Nordens" – nicht des säuerlichen Geschmacks, sondern des Vitamins C wegen so genannt – in Torten und Eisbechern, Likören, Bonbons oder Schokolade (übrigens auch in Badeöl, Duschgel, Hautcreme und vielem mehr). Wenn du dich jetzt fragst: Warum kaufen, selbst ernten geht doch viel einfacher? Dann hast du das noch nicht ausprobiert. Denn der Sanddorn heißt nicht nur so, weil er gut auf sandigen Böden wächst, sondern auch wegen seiner Dornen. Die sind lang und so spitz, dass man den Sanddorn vorzugsweise nicht pflückt, sondern melkt. Man nehme: Gummihandschuhe, übergestülpte Mülltüte (um die Kleidung zu schützen) und einen Eimer. Dazu eine Rolle Pflaster. Vorsichtig presst man dann die Beeren aus, während sie noch am Zweig hängen. Bald ist alles voller Saft, hoffentlich ist ein bisschen davon auch im Eimer gelandet.

VON WEGEN ARME-LEUTE-DACH

„Der Arme kann sich nur ein Rohrdach leisten." Dieser Spruch war unter rügenschen Großeltern noch verbreitet. Wer konnte, deckte sich das Dach mit Ziegeln. Nur die Bauern und Fischer mussten den Schilf am Rand der Bodden ernten, zu Kegeln aufgeschichtet trocknen lassen und dann ihr Haus mit dem Naturprodukt decken. Heute ist es gerade umgekehrt: Wer sein Dach mit Inselrohr decken kann, hat Glück gehabt. Nur noch wenige Rohrdachdecker beherrschen die Kunst, und die Ernte aus den rügenschen Schilfgürteln reicht schon lange nicht mehr aus. Rohr wird deshalb mittlerweile aus Polen, dem Baltikum oder sogar aus China eingeschifft.

ESSEN SHOPPEN SPORT

Am Alten Markt in Stralsund treffen sich Backsteinrot und Himmelblau

Störtebeker
BRAUSPEZIALITÄTEN

ESSEN & TRINKEN

Saisonal, schlicht und möglichst von der Insel: Rügens moderne Küche richtet sich nach den altbekannten Regeln der rügenschen Hausfrauen.

SATTMACHER GEFRAGT

Klar: Wer früher tagsüber auf den Feldern schuftete oder von frühmorgens an auf See Fischernetze einholte, der erwartete danach etwas Handfestes auf dem Tisch, und davon möglichst viel. Fisch, Speck, Kartoffeln, Kohl und Schnaps galten lange Zeit als Hauptnahrungsmittel, und nicht unbedingt in dieser Reihenfolge.

Wenn rügensche Küchenchefs heute für ihre Gäste zaubern, dann haben sie dieses Erbe im Hinterkopf und kreieren aus den Gerichten in Omas Kochbuch höchst moderne Gerichte, die selbst Feinschmecker beeindrucken. Das Gleiche gilt für die Portionsgrößen. Eine Angst muss auf Rügen jedenfalls keiner haben: hungrig nach Hause zu gehen.

HAUPTSACHE VON HIER

Die einfachsten Gerichte sind oft die besten, Hauptsache, die Zutaten kommen von hier. Mit gebratenem Fisch von der Tageskarte, Bratkartoffeln und Gemüse der Saison kannst du nichts falsch machen. Das liegt an der Qualität der Zutaten: Tüffeln oder Tüften (so heißen in Pommern die Kartoffeln) werden in Poseritz im Süden der Insel geerntet, Kirschen, Pflaumen und Äpfel nicht weit entfernt in Altkamp, Spargel und andere Gemüse u. a. im Westen vor Ummanz. In Putbus widmen die Restaurants dem dort gesammelten Bärlauch im April und Mai gleich mehrere Festwochen. Und auch im Supermarkt gibt es ein klares Erkennungszeichen: Wo „Regionale Esskultur" draufsteht, ist 100 Prozent Rügen drin.

Seeluft macht Hunger – auf deftige Fischbrötchen und wärmende Soljanka

FRISCH GEFISCHT

Immer noch fahren jeden Tag Fischer aus, um im Bodden und der Ostsee unser Essen einzuholen. Dass dieser Fisch etwas teurer ist als tiefgekühlter Seelachs einer anonymen Handelsflotte im Atlantik, versteht sich. Im Gegenzug erlebst du, wie fantastisch wirklich frischer Fisch schmeckt. Mit der tiefgefrorenen Industrieware hat das nichts gemein. Fangfrisch, das heißt aber auch: Man muss sich nach dem richten, was der Fischer gerade fangen kann.

Wenn Anfang Mai der im Mittelmeer und Atlantik lebende Hornfisch zum Laichen seinen Rügenurlaub antritt, ist das auf der Insel ein Grund zum Feiern. Dann angeln alle, die eine Rute besitzen, und die Kutterfischer sowieso. Nicht wundern, die Gräten des Hornfischs sind grün – das ist ungewöhnlich, sollte aber niemanden stören. Denn der Hornfisch schmeckt! Der bis zu 1 m lange Fisch wurde in der DDR auch als „Arbeiteraal" verkauft. Die echten Aale exportierte die DDR geräuchert in den Westen, gegen Devisen.

INSIDER-TIPP
Dein grünes Wunder erleben

Grüner Hering dagegen ist nicht grün, sondern einfach nur jung (sozusagen noch grün hinter den nicht vorhandenen Ohren). Wenn die Heringsschwärme kamen, musste früher sogar Gott ein Einsehen haben: In Vitt soll der verschmitzte Inselpfarrer Ludwig Kosegarten den Ort für die hübsche Kapelle so gewählt haben, dass die Gemeinde Meerblick genoss. Und wenn die Ostsee silbern blitzte, weil ein Heringsschwarm auftauchte, wurde der Gottesdienst abrupt beendet.

KEIN LEICHTES BROT

Auch Dorsch, Zander, Hecht, Flunder und Aal holen Rügens Fischer aus Bodden und Ostsee. Unbedingt auch probieren: eingelegten Hering oder Räucherfisch, oft wird er am Ort des Verzehrs frisch aus dem Ofen geholt. Noch warm, in einem knackigen Brötchen, gibt es nichts Besseres.

Leicht haben die Fischer es übrigens nicht, deshalb haben sie sich auf Hiddensee zusammengeschlossen und vermarkten ihren Fang als „Hiddenseer Kutterfisch" selbst!

SCHNUCKIG BIS BÜFFELIG

Auch das Fleisch ist exzellent, jedenfalls wenn es von Rügen kommt. Da sind die Schnucken und Rinder, die auf den Salzwiesen der kleinen Insel Öhe vor Schaprode weiden und eine ganz besondere Geschmacksnote haben. Auch sonst macht man mit Lammfleisch von der Insel nichts verkehrt. Und das der Wasserbüffel, die ihr Leben in der Schmalen Heide verbringen, schmeckt hervorragend. Die Inselmitte ist zudem berühmt für ihre Gänse und Enten. Was nicht frisch gegessen wird, wird haltbar gemacht: nach pommerscher Tradition vor allem zu Leberwurst, Sülzwurst und Schmalzfleisch im Glas, aber inzwischen auch zu Räucherenden und Dauerwürsten, natürlich auf der Insel.

VEGAN? GEHT KLAR

Bei so viel Fleisch und Fisch geht fast unter, dass in rügenschen Küchen auch viel mit Gemüse gekocht wird – gerne in Kombination mit den schon genannten Tüften. In den Hofläden der Insel (Überblick gefällig? *ruegen produkte.de*) bekommt man alles, was gerade reif ist. Im Herbst ist Kohlzeit. Dann beweisen Köche überall auf Rügen, wie vielfältig und genial sie Grün- und anderen Kohl zubereiten können. Vegetarisch und vegan sind übrigens auf der Insel keine Fremdworte mehr, in den größeren (Bade-)Orten werden nicht nur alle satt, sondern auch mit der einen oder anderen veganen Eigenkreation überrascht.

DAS MUSS AUCH NOCH REIN!

Liebster Nachtisch ist rote Grütze, Beeren gibt es auf Rügen jede Menge. Auf den Obsthöfen werden zudem gerade Beeren oft zu Marmeladen und Konfitüren eingemacht, gerne mit Sanddorn dazu, der einen Schuss Saures ins Süße gibt. Tatsächlich ist Sanddorn als Zutat keine Erfindung für die Touristen, sondern findet sich in vielen Gerichten. Apropos süß-sauer: Das gehört zur Küchentradition im Nordosten. Die Mischung von süß und herzhaft ist typisch, so werden Äpfel und Birnen oftmals mit Speck oder Blutwurst gekocht. Süß und aromatisch ist dagegen der Honig, den die Inselimker überall auf Rügen anbieten – auf gelbe Schilder an den Häusern achten!

FLÜSSIGES GOLD

Bleibt als flüssige Tradition noch der Schnaps: Nach dem Essen wird gern ein Korn oder ein Obstbrand (auch den gibt's von der Insel) getrunken – wenn es sehr kalt ist, auch mal zwei. Oder man bestellt gleich einen Grog, wenn es ums Aufwärmen geht. Zum Essen trinken Rügener selten Wein, eher Bier. Das wird auf Rügen und in Stralsund in unzähligen Variationen gebraut.

Unsere Empfehlung heute

Vorspeisen

SOLJANKA
rote Suppe mit Gemüse, Wurst oder Fleisch, sauren Gurken und einem Löffel Schmand

PFEFFERHERING
in Pfeffer, Zimt, Nelken, Salz und Zucker eingelegte Heringsfilets nach pommerscher Art auf Schwarzbrot

Hauptgerichte

HIMMEL UND ERDE
Stampfkartoffeln, Äpfel und Speck (oder Blutwurst)

HORNFISCH
Spezialität mit grünen Gräten, besucht Rügens Teller nur im Mai

SAUERFLEISCH
Schweinefleisch in Gewürzsud gekocht und in Aspik kalt serviert mit Bratkartoffeln

SCHWEINEBRATEN
mit Pflaumen gefüllt und lange geschmort, dazu Stampfkartoffeln

Desserts

ROTE GRÜTZE
Beeren aller Art, eingekocht und mit Vanillesauce verfeinert

SCHLUPFKUCHEN
Rührkuchen mit beim Backen versunkenen Obststücken

PANNACOTTA AUF SANDDORN-SPIEGEL
italienisches Sahnedessert mit lokaler Sauce

Getränke

SANDDORNSAFT
pur oder mit Sprudel gestreckt als Limoersatz

INSELBIER
Bierspezialitäten aus der lokalen Brauerei

WHISKY ODER OBSTBRAND
aus Rügener Destillerien

SHOPPEN & STÖBERN

Die besten Mitbringsel von Rügen sind handgemacht. Man kann sogar zuschauen, wie sie hergestellt werden – oder selbst zu Werk gehen. Eine Übersicht der Kunsthandwerker auf Rügen (mit Karte!) gibt's unter: ***ruegen.kunst-handwerk.info***

ORANGEZITRONIGSÜSSLECKER

Mal sehen: Aus Sanddorn macht man auf Rügen Marmelade, Saft, Likör, Früchtetees, Bonbons, Lutscher ... Also eigentlich alles außer Bratfett. Es schmeckt aber auch alles so gut. Außer Sanddorn-Hautcreme und -Duschgel, die riechen gut.

ZUM REINBEISSEN

Salami, Leberwurst und Räucherwaren der *Rügener Landschlachterei* (s. S. 81) sind lange haltbar und schmecken auch noch dann, wenn der Rügenurlaub schon lange vorbei ist. Dazu (und zu allem Herzhaften) passt perfekt der Senf der *Rügener Senfmanufaktur (Lange Str. 35)* aus Garz. Oder der von *Glenn (nur-senf.de)*, der ebenfalls auf der Insel produziert und verfeinert wird. Etwas Besonderes ist Rügener *Insel-Salz (insel-salz.de)*, mit Heilkreide oder Sanddorn verfeinert. Pfeffer gibt's auch.

HAUTSCHMEICHLER

Rügener Heilkreide aus dem Kreidewerk in Klementelvitz wird überall auf der Insel im praktischen Pfundpaket verkauft – Anleitung zur richtigen Anwendung (Bäder, Masken, Peelings) inklusive. Der Haut schmeicheln auch die Kosmetikprodukte aus Stutenmilch, die auf Ummanz hergestellt werden.

PROST!

Störtebeker-Biere werden in Stralsund gebraut und erinnern nicht nur des Designs, sondern auch des herben Geschmacks wegen an den Urlaub. Gleiches gilt für die Insel-Biere aus Rambin

Nicht zu süß, nicht zu sauer und überhaupt dufte: Sanddorn (li.) steckt in vielen Souvenirs

(s. S. 83). Es werden aber auch Obstbrände destilliert, etwa in der *Ersten Edeldestillerie auf Rügen* (s. S. 93), und Whisky reift in den Fässern der *Störtebeker-Brennerei (Alt-Reddevitz 36 | Middelhagen | stoertebeker-whisky.com)* – für Edelschmecker auch als Single Malt. Führungen sind möglich (vorher anmelden!).

INSIDER-TIPP
What a Whisky!

TREIBHOLZ 2.0

Am Strand sind die Sachensucher los: Sie haben Taschen über der Schulter, den Blick nach unten gerichtet und wandern und wandern. Ab und an heben sie ein besonders schönes Stück Treibholz, einen auffällig glitzernden Stein oder auch mal einen verrosteten Knopf auf. In ihrer Werkstatt machen sie daraus später Andenken, die wirklich einmalig sind. Upcycling heißt das, und in Schauwerkstätten wie der von *Ein Tag am Meer (Alleestr. 7 | Putbus | eintagammeer.info)* kann man zusehen, wie's geht – und sich die schönsten Stücke aussuchen.

GETÖPFERT UND GEBRANNT

Jede Töpferwerkstatt auf Rügen hat ihren eigenen Stil. Die Fischköppe der Töpferei im Bergener *Klosterhof* (s. S. 80) rufen geradezu: Wasser! Strand! Ostsee! Manches Töpferkunstwerk von *Meereston (An der Fährbrücke 1a | meereston.de)* im Stralsunder Hafen wirkt, als wäre es eben erst vom Ostseeboden gehoben worden. Und auf Ummanz gibt's sogar getöpferte Vogelhäuschen.

INSELKÖTER

Nein, es geht nicht um einen Hund als Mitbringsel! *Inselköter (Marktstr. 4 | hunde-ruegen.de)* heißt die Sassnitzer Schaumanufaktur, in der Martina Lüllich und Cathleen Böhland aus original Tauwerk Hundeleinen, Halsbänder und Leckerlibeutel herstellen.

SPORT

Du wolltest schon immer mal Surfen, Golfen, Reiten, aber im Alltag fehlt die Zeit? Auf Rügen kann man fast alle Sportarten auch erlernen, und zwar mit viel, viel Spaß.

SURFEN, SEGELN & CO.

Sonne, Wind und flaches Wasser sind die drei Gründe, warum es sich auf Rügen so gut surft (oder segelt oder kitet). Bei *Sail & Surf Rügen (segelschule-ruegen.de | Altefähr)* kann man leihen oder lernen, je nachdem. Eine tolle Tagestour: Mit dem Kajak von Altefähr über den Strelasund in den Stralsunder Hafen – das Team erklärt, wie's geht. Bei der *Segelschule Im Jaich (Lauterbach | short.travel/rue10)* kann man schnuppersegeln und dann einen Segelkurs belegen. Eine super Sache ist der Jüngstenkurs, in dem Kinder ab sieben Jahren in nur vier Tagen die Basics lernen. Jollen chartern geht natürlich auch. Prima Kitesurfreviere gibt es auch vor Ummanz und Dranske.

INSIDER-TIPP
Jollen für Youngster

SCHWIMMEN

Klar, das geht überall an den 57 km Rügenstrand. Profis aber freuen sich auf die großen Wettschwimmen: Im Juli dürfen genau 1070 Schwimmerinnen und Schwimmer die Strecke (2,3 km) zwischen Stralsund und Altefähr zurücklegen *(sundschwimmen.de)*. Und nur 400 Teilnehmer gibt es beim *Vilm-Schwimmen (vilmschwimmen.de)* Ende August über 2,5 km von der geschützten Insel Vilm nach Lauterbach. Für beide Wettbewerbe gilt: Nur mitmachen, wenn die Fitness ausreicht – und frühzeitig anmelden!

TAUCHEN

Auf und ins Meer kann jeder – unter Wasser gehen braucht schon etwas Übung (und die richtige Ausrüstung).

Leinen los und Segel setzen. Wer's noch nicht kann, kann's auf Rügen lernen

Bei Robert Röske und seinem Team von *Dive Baltic Sea Rügen (ruegen-diving.de)* in Ralswiek bekommst du beides: Übung vom Schnupper- bis zum Freiwassertauchkurs und an Ausrüstung leihweise alles, was du brauchst. Faszinierend sind die geführten Tauchgänge vor Rügens Kreideküste oder einem der vielen Strände. Auch in der kalten Jahreszeit und nachts machen die Taucher keine Pause.

ANGELN

Wichtig sind lange Arme, denn rund um Rügen sind die Fische soooo groß. Und genauso vielfältig. Im Bodden kann man Hecht, Barsch und Zander ködern, rund um die Insel Dorsch und Plattfische locken und auf der offenen Ostsee auf kapitale Lachse oder Meerforellen hoffen. Egal, was du tust: Du brauchst einen Angelschein, sonst wird es teuer. Der Schein selbst ist günstig: Der Touristenfischereischein *(24 Euro, gültig 28 Tage)* kostet weniger als 1 Euro pro Tag; Infos unter *short.travel/rue11*.

RADFAHREN

600 km Radweg – wow! Rügen ist eine Radfahrerinsel, und wenn der Wind einmal zu stark entgegenbläst, können die Räder in den Radzfatz-Bussen des Inselverkehrs *(Fahrplan unter vvr-bus.de)* mitgenommen werden. Leihen kannst du Fahrräder in allen größeren Inselorten, der *Fahrradverleih Bruchalla (Bergen | fahrradverleih-ruegen.de)* bringt Räder, Tandems und Fahrradanhänger bis vor die (Ferien-)Haustür. Die meisten Fahrradverleihe haben auch E-Bikes im Angebot.

REITEN

Auf dem Rücken eines Pferds durch Rügens wilde Landschaft zu traben, hat etwas Magisches. Gerade

Beim Yogaurlaub kannst du in den Dünen zum Baum werden

im flachen Inselwesten ist das auch für diejenigen ein Leichtes, die sich zum ersten Mal auf ein Pferd trauen *(z. B. wanderreiten-auf-ruegen.de).* Reetdachkaten mit angeschlossenem Reitstall gibt es in Boldevitz, Profis dürfen ihr Pferd hierher mitbringen, Anfänger können Unterricht nehmen *(ruegenkaten.de).* Mehr Höfe und Infos findest du unter *ruegen.de/aktivitaeten/reiten.*

WANDERN & GEOCACHING

Wirklich? Wandern? So mit festem Schuh und Rucksack? Allerdings, denn es bringt nicht nur Spaß, sondern ist da besonders schön, wo es tolle Landschaften gibt. Und die hat Rügen. Eine kostenlose Karte mit allen Wanderwegen bietet die *Tourismuszentrale Rügen (ruegen.de).* Wer gern gemeinsam mit anderen wandert, schaut am besten im „Wanderfrühling" im April oder im „Aktiv-Herbst" im Oktober auf der Insel vorbei *(Programm bei der Tourismuszentrale).* Die vier inselweiten Themenwanderwege zu Romantik, Fischen, Kreide und heiligen Stätten kann man das ganze Jahr über erkunden *(ruegenaktiv.de).*

Und warum nicht unter die Schatzsucher gehen? Geocacher haben mehr als 250 Schätze auf Rügen versteckt, für die Suche braucht es nur ein GPS-Gerät und los geht's *(geocaching.com).*

GOLF

Reichensport, das war einmal: Im *Golf-Centrum Schloss Karnitz (golfcentrum-schloss-karnitz.de)* bei Garz dürfen auch Anfänger auf den wunderschönen 9-Loch-Platz, nur der mit 18 Löchern ist den Profis vorbehalten. Auf *Schloss Ranzow* (s. S. 72) in Lohme kannst du einen Schnupperkurs belegen, mit Platzreife hast du die Wahl zwischen dem Schlossparcours (9 Loch) und dem 18-Loch-Platz. Und wenn das alles zu fürstlich-edel klingt, dann probier doch das *Dünengolf* (s. S. 55) in Göhren aus – Spaß macht's allemal!

TENNIS

Im Ernst: Einmal im Jahr werden in Göhren die „Matjes Open" gespielt! Aber auch sonst bist du auf dem nicht mal 100 Schritte von der Göhrener Seebrücke entfernten Tennisplatz jederzeit willkommen; für Einzel- und Gruppentrainings vorher anmelden.

BOGENSCHIESSEN

Halten, zielen ... und Schuss. Beim Bogenschießen kommt es auf die Koordination von Hand und Auge an. Auf der Bogenschießanlage des *Naturerlebniscamps Birkengrund (Sassnitz | naturerlebniscamp-ruegen.de)* – wie der Name schon sagt mitten in der Natur gelegen – lernt man in vier Stunden, wie's geht. Schnupperschießen und Kurse gibt es auch im *Rügen Surfhostel (Ummanz | Tel. 038305 5 50 18)*.

SCHLITTSCHUHLAUFEN

Komplett zugefroren war die Ostsee vor Rügen zuletzt im Winter 1986/87; zum Schlittschufahren war es den Rügenern damals aber zu kalt. Statt auf der Ostsee steigen sie von Anfang Dezember bis Anfang März in Sellin auf die Kufen: Dann wird im Seepark eine 550 m² große *Eisbahn (Dez.–Feb. tgl. 12–19 Uhr, Mo ab 19 Uhr Eishockey | ostseebad-sellin.de/eisbahn-sellin)* aufgebaut, Schlittschuhausleihe inklusive.

YOGA

Entstressende Yogakurse und Yogaurlaub auf Rügen bieten das *Yogazentrum (yogazentrum-ruegen.de)* in Kluis oder *Yogamar (yogamar-ruegen.de)* in Baabe an.

Am Nordperd (und nicht nur hier) fühlt sich Rügen-Wandern gar nicht öde an

DIE REGIONEN IM ÜBERBLICK

OSTSEE
Tromper Wiek
Stürmische See umtost strahlende Stubbenkammer: ein Traum in wild
JASMUND UND WITTOW S. 58
Großer Jasmunder Bodden
Sagard
Sassnitz
Kleiner Jasmunder Bodden
Prorer Wiek
Binz
Bergen
BÄDERKÜSTE S. 38
Sellin
Göhren
Putbus
Garz
Rügischer Bodden
Schlösschen, Strandkörbe und Seebrücken: Rügens Strand ganz elegant
Greifswalder Bodden

BÄDERKÜSTE

STRAND ELEGANT!

So strahlend weiß! So verspielt! Die über 100 Jahre alte, liebevoll restaurierte Bäderarchitektur macht Rügens Seebäder so schön, dass man fast den Blick zum Meer vergisst.

Sollte man jedoch nicht, denn der lohnt sich: Hier wartet kilometerlanger, feiner, weißer Sandstrand, gesäumt von Promenaden. Seebrücken führen weit auf die Ostsee hinaus, wo einem der Wind auch an Sonnentagen frisch um die Nase weht. Schiffe fahren von Seebad zu Seebad, von Traumstrand zu Traumstrand.

Mondänes Ostseefeeling stellt sich auf der Seebrücke von Sellin wie von selbst ein

Du hast dich genug gesonnt? Dann ab in den Rasenden Roland und mit Dampfkraft hinunter zur Halbinsel Mönchgut oder ins hüglige Hinterland: Die Wälder der Granitz sind kühl und schattig, die Zickerschen Berge voller Überraschungen. Am Abend kannst du dann einen Cocktail trinken gehen – oder hoch auf dem Baumwipfelpfad die Vögel beim Zwitschern belauschen und dabei die Brandung in der Ferne beäugen. Oder doch lieber ein Konzert, Kabarett oder Party? In den Seebädern ist immer was los, oft bis in die frühen Morgenstunden.

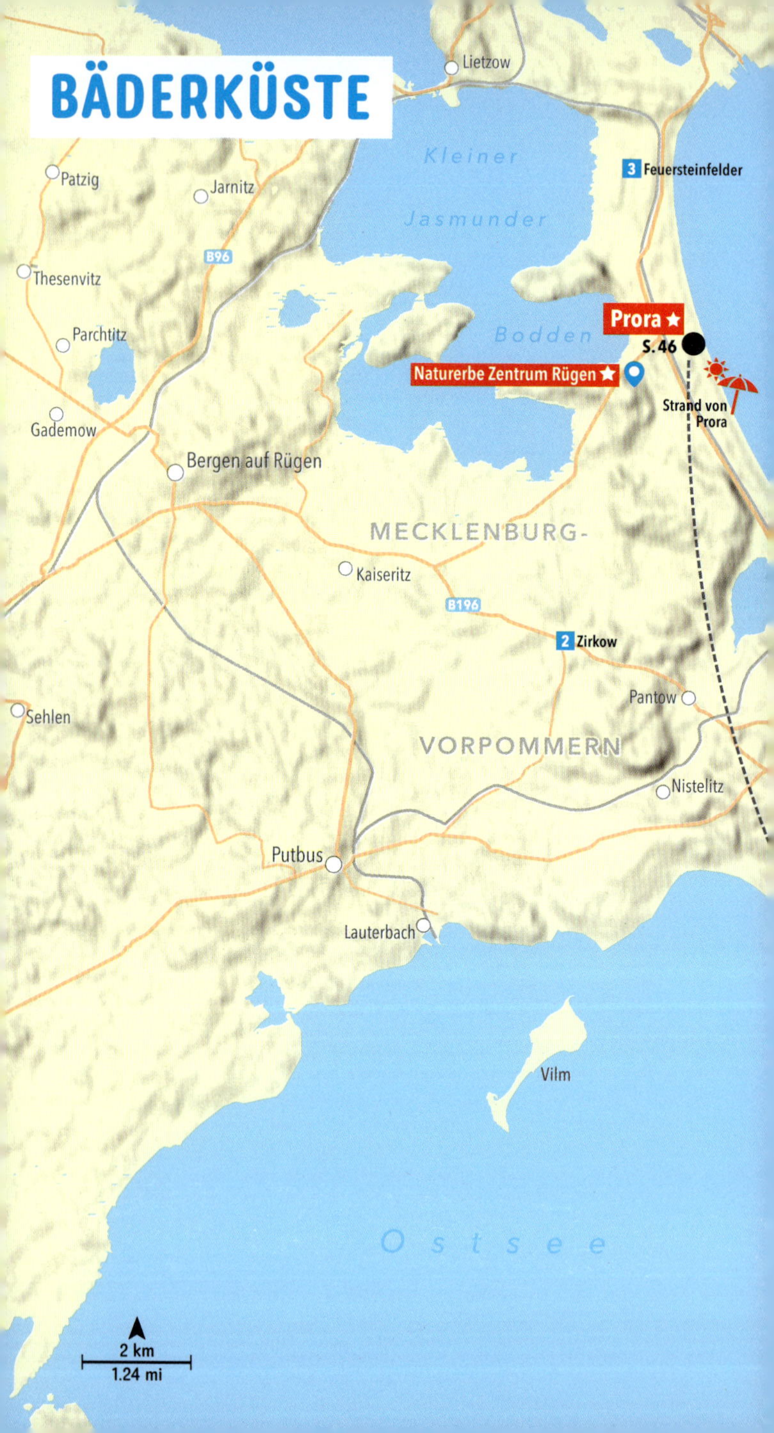
BÄDERKÜSTE
Lietzow
Kleiner
Jasmunder
Bodden
3 Feuersteinfelder
Patzig
Jarnitz
B96
Thesenvitz
Parchtitz
Prora ★
S. 46
Naturerbe Zentrum Rügen ★
Strand von Prora
Gademow
Bergen auf Rügen
MECKLENBURG-
Kaiseritz
B196
2 Zirkow
Pantow
Sehlen
VORPOMMERN
Nistelitz
Putbus
Lauterbach
Vilm
Ostsee
2 km
1.24 mi

MARCO POLO HIGHLIGHTS

★ **BÄDERARCHITEKTUR**
In Binz ist eine Villa edler als die andere
➤ S. 42

★ **JAGDSCHLOSS GRANITZ**
Passender Soundtrack: Atemlos ... macht der Turm ➤ S. 45

★ **PRORA**
Rügens neuestes (und bald schon schickstes?) Seebad ➤ S. 46

★ **NATURERBE ZENTRUM RÜGEN**
Auf dem Wipfelpfad den Bäumen in die Kronen spucken ➤ S. 47

★ **SEEBRÜCKE SELLIN**
Auf den Brettern, die Rügen bedeuten, stehen ➤ S. 49

BINZ

(📖 L5) **Rügen, das ist für viele Urlauber schlicht: Binz. In Rügens größtem und mondänstem Seebad (5100 Ew.) glänzen die Fassaden um die Wette. Villen, Jugendstilhotels und das Kurhaus mit seinen Türmchen: ein Traum in Weiß.**

Da ist der ☀ Strand fast Nebensache, bis man ihn dann in seiner ganzen Pracht und Ausdehnung zu sehen bekommt – am besten geht das vom Meer aus. Mitzählen: eins, zwei, drei ... und schließlich 370. So viele Schritte brauchst du bis zum Aussichtspunkt am Ende der *Binzer Seebrücke*.

Länger ist nur die Promenade, die im Schatten der Bäume oberhalb des Binzer Strands entlangführt. Über 4,2 km reicht sie bis nach Prora, und alle paar Hundert Meter führen Abgänge zum feinen Sandstrand hinunter, der sich bis weit ins Meer hineinzieht.

SIGHTSEEING

BÄDERARCHITEKTUR ★

„Überall so schöne Schnörkel", sagt die kleine Tochter, „wilhelminischer Jugendstil", meint die mitstaunende Architektin. Recht haben sie beide: Wer die Fußgängerzone zur Seebrücke oder die Strandpromenade entlangspaziert, sieht dort eine Villa edler als die andere hervorblitzen, die meisten weiß, andere zartrosé, und überall Fachwerk, Nischen, Türmchen, Erker.

Meins! Meins! Meins? Nee, nee, liebe Möwen, die Seebrücke schön mit uns teilen

Ein besonderes Juwel ist die *Villa Undine (Strandpromenade 30)*, ein Traum ganz aus Holz und vielleicht das beliebteste Fotomotiv neben dem *Kurhaus*. Das wurde 1908 fertiggestellt und ist auch von innen luxuriös: Zumindest ein Stück Torte sollte man auf der Empore verspeisen, um die ganze Eleganz der Goldenen Zwanziger in sich aufzunehmen.

UFO
Offiziell heißt der Bau von Ulrich Müther am Strandabgang 6 „Rettungsturm 2", aber jeder spricht nur vom Ufo. Kein Wunder, so wie der Betonbau (Baujahr 1968) da auf einem Bein über den Dünen zu schweben scheint. Du willst ihn dir von innen ansehen? Geht auch, dazu musst du nur heiraten: Das Binzer Standesamt nutzt das Ufo als Außenstelle.

SCHMACHTER SEE
Im Sommer wird am herrlich verträumten See mit seinem 27 m langen Steg zur *Schmachter See Lounge* geladen. Cocktail links, Handy rechts, fertig ist das Chill-out-Selfie! Und dann ist da noch der *Park der Sinne*, 2003 als Teil der Internationalen Gartenausstellung gebaut. An Spiel- und Sinnesstationen kann man dort mit Alltagsphysik experimentieren, an heißen Tagen bringt der tolle *Wasserspielplatz* Abkühlung. *Pantower Weg | nur ein paar Min. vom Kurhaus entfernt*

ESSEN & TRINKEN

FISCHRÄUCHEREI KUSE
Uroma Kuse hat Fische geräuchert, Oma Kuse, Mama Kuse, Tochter Kuse und deren Tochter auch: Kein Wunder, dass die Fischbrötchen der Kuses die besten von Binz sind! Aus der Ostsee kommen Butterfisch, Makrele, Stremellachs und Butt frischstens auf die Schrippe – mit Umweg über den Räucherofen. Das lockt auch die Binzer an! *Tgl. 9–21 Uhr | Am Fischerstrand | nahe Dünenübergang 1 | Tel. 038393 29 70 | €*

INSIDER-TIPP
Fischbrötchen in fünfter Generation

STRANDHALLE
Die lichtdurchflutete Halle (Bäderstil!) war vor 100 Jahren ein Tanzlokal. Heute ist sie ein Restaurant mit liebevoll wild zusammengewürfelter Deko. Es gibt hervorragenden Matjes oder

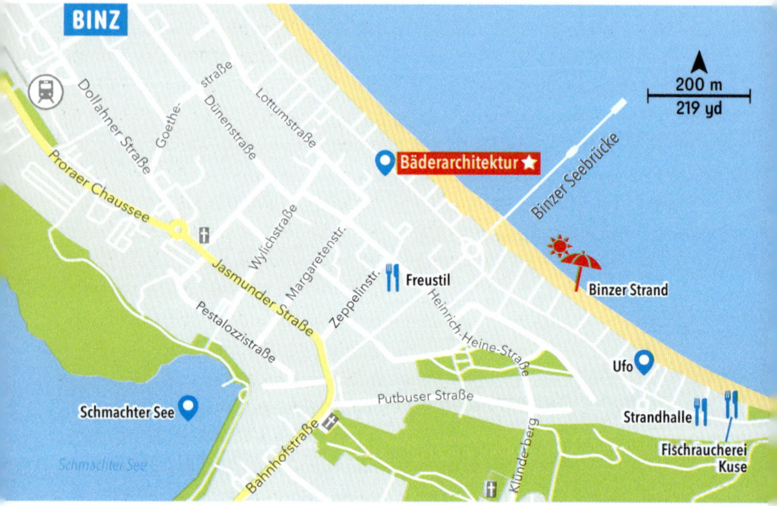

Sauerfleisch, Rostbraten oder Stremellachs, alles hausgemacht und mit Pfiff. *Tgl. 12–22 Uhr | Strandpromenade 5 | Tel. 038393 3 15 64 | strandhalle-binz.de | €€*

FREUSTIL

Sterneküche ohne Hummer oder Kaviar, stattdessen ganz leger: Ralf Haug kocht fantastische Gerichte mit allem, was es auf und rund um Rügen gibt. In der coolen *Canteen* direkt nebenan bekommst du günstige Mittagsmenüs vom gleichen Küchenteam. *Mi–So 12–15, 18–21 Uhr | im Hotel Vier Jahreszeiten | Zeppelinstr. 8 | Tel. 038393 5 04 44 | freustil.de | €€€*

SHOPPEN

Wo die Margaretenstraße auf die Strandpromenade trifft, beginnt die *Kunstmeile Binz*. Mehrere Galerien, ein Goldschmied und andere Kunsthandwerker werkeln hier einträchtig nebeneinander. Geschmackvoll schlicht ist die Keramik von *Tonicum (Margaretenstr. 20 | tonicum-keramik.de)*, oft in marinen Tönen. Nur ein paar Schritte weiter: die *Glasbläserei Blumberg (tgl. 10–18 Uhr | Schillerstr. 11 | Tel. 038393 43 93 00 | blumberg-glas.de)*, in der du nicht nur Vasen, Glastiere und schillernde Kunstobjekte kaufen, sondern unter Anleitung auch selbst aus dem glühend heißen Glas eine Kugel blasen kannst. Nicht nur für Kids eine runde Sache.

INSIDER-TIPP
Blas Glas!

SPORT & SPASS

Auf dem Weg zum Meer, aber die Strandlektüre vergessen? Aus der *Bücherschale* am zentralen Reisebus-Bahnhof darf sich jeder bedienen, gratis! Und gelesene Bücher, die im Koffer keinen Platz mehr für die Rück-

reise finden, dürfen für die nächsten Leser hiergelassen werden.
Wenn die Ostsee zu kalt ist, geht's ab ins *Loev Wellness & Spa (tgl. 7–22 Uhr | Hauptstr. 20–22, im Loev Hotel | loev.de)*. Hier gibt es nicht nur ein Schwimmbad, sondern auch eine Saunalandschaft. Wenn du es dir richtig gut gehen lassen willst, dann buch eine Massage oder Wellnessbehandlung dazu.

AUSGEHEN & FEIERN

Im *Doldenmädel Braugasthaus (tgl. | Schillerstr. 6 | doldenmaedel-binz.de)* wird selbst gebrautes Craft-Bier vom Fass gezapft. Lieber ein Whisky? Mehr als 100 Sorten aus allen Himmelsrichtungen serviert der Barkeeper im *Weltenbummler (tgl. | Strandpromenade 42 | weltenbummler-ruegen.de)*. Ganz im Stil der 1920er: die *Loev Bar (tgl. | Hauptstr. 20–22 | loev.de)*. Da schüttelt und rührt das Barteam außer Martinis und Mai Tais auch ganz eigene Kreationen. Dazu gibt's Livemusik.

RUND UM BINZ

1 JAGDSCHLOSS GRANITZ ★

1,5 km von Binz, ca. 30 Min. mit dem Jagdschlossexpress

In der Granitz ging Wilhelm Malte I. zu Putbus mit seinen Freunden jagen, und auf die mit 107 m höchste Erhebung des dichten Walds, den Tempelberg, ließ der bauwütige Fürst ein prächtiges Jagdschlösschen bauen. Runde Türmchen ragen zum Himmel auf, der höchste wurde erst nachträglich von Karl Friedrich Schinkel in die Mitte gesetzt. Dank Schinkel kannst du im 38 m hohen Aussichtsturm heute über 154 Stufen nach oben steigen, über die einzige Einbahn-Wendeltreppe der Welt! Wenn du dann wieder bei Atem bist, raubt dir der Ausblick denselben gleich wieder: da drüben Hiddensee, dort Stralsund ... Die ganze Schlossgeschichte erfährst du in einer Ausstellung und im Schloss selbst: Der üppige Marmorsaal und die historisch erhaltenen Salons protzen um die Wette. So also lebten Fürstens!
Das Jagdschloss liegt unweit von Binz, am besten fährst du von der Binzer Promenade aus mit dem *Jagdschlossexpress (jagdschlossexpress.de)* oder vom Bahnhof Binz mit dem *Rasenden Roland* (s. S. 84). Oder du läufst. Erholen kannst du dich danach bei Kaffee oder Bier in der *Alten Brennerei (tgl. | alte-brennerei.com | €€)*. Im Sommer wird auch auf der Schlossterrasse oder im Waldbiergarten serviert. *Schloss Mai–Sept. tgl. 10–18, April, Okt. tgl. 10–17, Nov.–März Di–So 10–16 Uhr | jagdschloss-granitz.de | ◷ 2 Std. | 🕮 L6*

2 ZIRKOW

8 km von Binz, 15 Min. Autofahrt

Hier ist das Revier von Karl, dem roten (und auf ganz Rügen omnipräsenten) Erdbär. *Karls Erdbeerhof (tgl. 8–19 Uhr | Eintritt frei | Binzer Str. 32 | karls.de | ◷ 3 Std.)* ist für einen Vergnügungspark ein überraschend unaufgeregter Ort. Eine Mega-Achterbahn? Gibt es hier nicht, stattdessen

Kartoffelsackrutsche und Kletterturm, Stockbrotbacken oder Kinderschminken, Marmeladenküche und Bonbonmanufaktur. Das macht Laune!
(Nicht nur) Große hängen sich im *Cable Park (tgl. ab 12 Uhr | Am Kapellenberg 1 | wasserskiruegen.de)* zum Wakeboarding an den Kabellift, um über den See zu brettern. Aufs Board, rein ins Nass und – wusch! – über das blaue Wasser der ehemaligen Kiesgrube rasen. Klingt extrem? Ist es auch – und trotzdem so ungefährlich, dass selbst Kinder mitmachen dürfen.
K6

PRORA

(L5) **Klassischer Fall von hässlichem Entlein: so hässlich! Das „Kraft durch Freude"-Seebad ★ Prora, das die Nazis 1936 an einen der schönsten Strände Rügens klotzten, sollte 20 000 Urlauber in fast 5 km lange Wohnblöcke aus Stahlbeton pferchen.**

Der Zweite Weltkrieg stoppte die Bauarbeiten, zurück blieben monströse Ruinen. Diese eroberten sich zunächst Künstler, Museumsmacher und im Sommer auch junge Partygänger. Die sind alle noch da, aber jetzt wandelt sich Prora wieder, wird chic und edel. Die Blocks sind schon zu Luxusapartments umgebaut worden, die Nachfrage ist riesig. Selbst Kurtaxe wird längst in Prora, das verwaltungsmäßig zum 5 km entfernten Binz gehört, verlangt. Das einstige hässliche Entlein ist Rügens aufsteigender Schwan.

SIGHTSEEING

DOKUMENTATIONSZENTRUM

Kein staubiges Museum, sondern eine Art Anleitung, um Prora zu verstehen: Am besten schließt du dich einer der hervorragenden Führungen *(Mai–Okt. tgl. 11.15 und 14 Uhr)* über das Gelände an. In der Ausstellung „MACHT Urlaub" erfährst du alles über die Hintergründe des „KdF"-Bads, die Motive der nationalsozialistischen Urlaubsoffensive und in Sonderausstellungen mehr über Themen wie das jüdische Leben in Mecklenburg-Vorpommern. Du hörst Zeitzeugen sprechen, siehst historische Aufnahmen und kannst dir im Kinoraum eine halbstündige Doku ansehen. *Tgl. Mai–Aug. 9.30–19, März/April, Sept./Okt. 10–18, Jan./Feb., Nov. 10–16 Uhr, Dez. geschl. | Block 3/Querriegel (im Zentrum der Anlage) | proradok.de | 1–1½ Std.*

PRORAZENTRUM

Im Prorazentrum steht neben der NS- die DDR-Geschichte Proras im Blickpunkt. Auch hier sind die geführten Rundgänge *(1½–2 Std.)* über das Gelände der beste Weg, um in die Vergangenheit einzutauchen. In den Ausstellungen wird u. a. der Widerstand innerhalb der Nationalen Volksarmee beleuchtet. *Mai–Okt. tgl. 10–18, Nov.–April Mo–Fr 10–16 Uhr | Block 5 (nahe Jugendherberge) | prora-zentrum.de*

GALILEO WISSENSWELT

Schon mal in einer Riesenseifenblase gestanden? Den Schatten eingefroren? Hier geht das. Auf 3000 m² Technik- und Bio-Welt experimentieren

Prora ist eher monströs als schön, aber seine Museen hinterlassen Eindruck

die Kinder vor allem selbst: So bringt Wissenschaft richtig Spaß. *April–Sept. tgl. 10–18, sonst 10–16 Uhr | Prorarer Chaussee 59b | galileo-ruegen.de | mind. 2 Std.*

NATURERBE ZENTRUM RÜGEN ★

Der (barrierefreie) Baumwipfelpfad im Naturerbezentrum führt dich auf 4 bis 17 m Höhe Auge in Auge mit den Wipfeln durch den geschützten Buchenwald. Ganz hoch hinaus geht es dann – immer um eine besonders imposante Buche herum – zum Adlerhorst auf 82 m über Meer: Was für ein Ausblick auf Prora und die Naturerbefläche im Hinterland! Die 1250 m Wipfelpfad werden übrigens immer wieder von Mitmachstationen (nicht nur für Kinder) unterbrochen. Nach dem Abstieg gibt es im Niedrigenergiehaus neben einer spannenden Mitmachausstellung über Rügens Natur auch Kaffee und Kuchen.

INSIDER-TIPP
Die Eule ist Zeugin

Achte auf angekündigte Nachtwanderungen: Der Wald im Vollmondlicht ist ein ganz besonderes Erlebnis, viele Tiere sind nur dann wach. *Tgl. Mai–Sept. 9.30–19, April, Okt. 9.30–18, Nov./Dez. 9.30–16, Jan.–März 9–16 Uhr | Forsthaus Prora 1 | 2 km von Prora entfernt | nezr.de | gemütliche 3–4 Std.*

ESSEN & TRINKEN

MEERKATZE

Die gefüllte Klappscholle mit Tomate-Mozzarella auf Zucchini ist nur ein (guter) Grund, hier einzukehren. Im Angebot sind auch Pizza und Flammkuchen, und Vegetarier kommen hier ebenfalls nicht zu kurz.

INSIDER-TIPP
Schlemmen in drei Gängen

Du möchtest dich festlich bekochen lassen? Dann kannst du einen Kochabend im Ferienhaus buchen,

Die Feuersteine sind echte Urgesteine, also nur angucken, nicht mitnehmen

Profitipps von den Meerkatzen-Köchen inklusive. *So–Fr 12–20 Uhr | Südstrand 304 | Tel. 038393 12 38 99 | meerkatze-prora.de | €€*

SPORT & SPASS

Kletterasse werden begeistert sein vom *Kletterwald Binz/Prora (Di–So Juni 9.30–17.30, Juli/Aug. 9.30–18.30, April, Okt. 10–17, Mai, Sept. 10–18 Uhr | kletterwald-binzprora.de)* mit zehn Parcours im schattigen Wald. Auch für Anfänger ist etwas dabei.

Ein Spielplatz in hypermodern ist *Lasertag Prora (in der Saison tgl. 9–20 Uhr | Mukraner Str. 9 | prora.info)*: Beim Lasertag oder den Exit Games geht hier auch ein Regentag schnell vorbei.

STRÄNDE

Entlang der Prorer Wiek liegt einer der schönsten Strände der Insel, kiefernbestandene Dünen trennen ihn von den Betonblöcken. Nahe dem Besuchermagneten Block 3 herrscht im Sommer Partystimmung, ruhiger wird es in Richtung Binz.

AUSGEHEN & FEIERN

Am Strand wird im Sommer nach Sonnenuntergang noch gefeiert, nicht nur bei Ravefestivals wie dem jährlichen *Tag am Meer (tagammeer-festival.de)*.

RUND UM PRORA

3 FEUERSTEINFELDER

Ausgeschilderter Parkplatz „Feuersteinfelder" am südl. Ortseingang von Neu-Mukran (7 km von Prora, 10 Min. Autofahrt) – ab dort 3 km zu Fuß

Da sage einer, Sturmfluten hätten gar nichts Gutes: Vor knapp 4000 Jahren, so schätzen Geologen, haben sie am Rand der Schmalen Heide ein wahres Meer aus Feuersteinen angeschwemmt. Der Weg zu dem gut 25 m breiten und bis zu 3 m hoch geschichteten steinernen Meer führt durch einen wunderbar kühlen, stillen Wald. Und dann gleißen auf einmal die Steine zwischen den Kiefern hindurch. Kaum zu glauben, dass diese Steinmassen so weit vom Meer entfernt angespült wurden. Wichtig: Die Feuersteinfelder sind Naturschutzgebiet, deshalb nichts dalassen und auch nichts mitnehmen, sonst sind die Felder bald abgeerntet! *K–L4*

SELLIN

(M6) **Himmelsleiter heißt die breite Freitreppe, die Sellins villengesäumten Boulevard mit dem Strand und der grandiosen Seebrücke verbindet. Und der Name passt perfekt – himmlischer geht es kaum!** Elegant ist in Sellin (2400 Ew.) ganz normal: Durch die Wilhelmstraße läuft man nicht, man flaniert. Und manch einer soll im Kaiserpavillon unwillkürlich ein Glas Sekt bestellt haben, obwohl er eigentlich nur Selters wollte. Das ist die eine, die zur Ostsee gewandte Seite Sellins. Und dann ist da noch die andere Seite, rund um den Selliner See: mit Reetdachhäusern statt Strandvillen, Schilf statt Sand. Sellins Hinterland sollte man zu Fuß erkunden oder mit dem Fahrrad. Auch himmlisch. Zum Glück muss man sich ja nicht für eine Seite entscheiden.

SIGHTSEEING

SEEBRÜCKE ★

Wenn Rügen ein architektonisches Wahrzeichen hat, dann dieses: Die Seebrücke samt *Palmengarten*, *Kaiserpavillon* und *Balticsaal* sieht so fürstlich aus wie ihr Vorbild von 1906. Tatsächlich wurde sie erst 1998 eingeweiht, historisch ist sie dem im Eiswinter 1942 ziemlich zerstörten und in den 70ern ganz abgerissenen Original nachempfunden. Jedes Jahr am 2. April wird die Wiedergeburt mit einem Brückenfest gefeiert. Aber auch an jedem anderen Tag wird einem ganz feierlich zumute, wenn man auf den Holzstelzen 394 m aufs Meer hinausläuft. Am Ende wartet nicht nur ein grandioser Ausblick, sondern auch eine *Tauchgondel (Juni–Aug. tgl. 10–21, Sept./Okt. 10–19 Uhr | tauchgondel.de)*, mit der man die Ostsee von unten angucken kann, ohne nass zu werden. Wem der Abstieg über die „Himmelsleiter" zur Brücke zu anstrengend ist, der kann die 40 m Höhenunterschied

„Fährmann, hol über!", ruft man, wenn man rüber nach Moritzdorf will

zwischen Wilhelmstraße und Brücke auch mit dem *Aufzug (tgl. 8–22 Uhr)* überwinden. *seebrueckesellin.de*

BERNSTEINMUSEUM

Eigentlich ist Jürgen Kintzel Goldschmied, aber Bernstein gilt ja auch als Ostseegold. Und so hat der Juwelier dem beliebten Stein ein Museum gewidmet, zeigt Fundstücke und Einschlüsse und verrät alles Wissenswerte. *Mo–Fr 11–13 und 14–16 Uhr | Granitzer Str. 43 | bernsteinmuseum-sellin.de | ⏲ 20 Min.*

SEEFAHRERHAUS SELLIN

Im Reetdachhaus am Selliner See erfährst du alles übers harte Leben auf dem und vom Meer. Auch der 2018 gefundene Silberschatz von Rügen wurde hier schon ausgestellt. *April–Okt. So–Fr 11–17 Uhr | Seestr. 17b | short.travel/rue18 | ⏲ 30 Min.*

ESSEN & TRINKEN

AMBIANCE

Hier isst man nicht einfach, man begibt sich auf eine kulinarische Reise: Ob vier, fünf oder sechs Gänge, alle sind jahreszeitlich und regional abgestimmt. Ein Fest! *Tgl. 18–22 Uhr | Wilhelmstr. 34 | Tel. 038303 122150 | roewers.de | €€€*

DE SEEDÖRPER

Leckere Fischbrötchen mit Selbstgeräuchertem gibt's im Hafen von Seedorf; von Sellin aus zu Fuß leicht zu erreichen. *Tgl. | Seedorf 6b | Tel. 038303 87974 | deseedoerper.de | €*

SPORT & SPASS/ WELLNESS

In der Badeerlebniswelt *Ahoi Rügen (Karfreitag–Okt. tgl. 11–22, Nov.–Grün-*

donnerstag tgl. 14–21 Uhr, Sauna tgl. ab 14 Uhr | Badstr. 1 | ahoi-ruegen.com) sind die Becken (außen und innen) schön groß. Dazu hast du die Wahl zwischen fünf Saunen, einem Dampfbad, Whirlpool und Wellnessangeboten. Gut nicht nur bei Schnupfen: In der „U-Boot"-Sauna mit Unterwasserklängen atmest du ätherische Öle ein, das macht den Kopf frei.

INSIDER-TIPP
Schwitzen im Tiefgang

RUND UM SELLIN

4 MÜHLE ALTENSIEN

2 km von Sellin, 5 Min. Autofahrt

Mittwoch ist Backtag in der alten Bockwindmühle: Probier das noch warme, duftende Brot! Mühlen wie diese (nachgebaute), die ihre Flügel nach dem Wind drehen konnten, standen früher überall auf dem Mönchgut. Wie das funktioniert, erfährst du auch an anderen Tagen. *Besichtigung Ostern–Okt. tgl. | Backtag Juni–Sept. Mi 12–16 Uhr | Sellin-Altensien | short.travel/rue19 | 20 Min. | M6*

BAABE

(M6) **Wenn ihr das große, hölzerne Mönchgut-Tor seht, heißt es: Anhalten! Viel zu schnell ist man auf der Straße von Sellin nach Göhren an Baabe vorbeigerauscht.**

Dabei ist das kleinste der Seebäder (880 Ew.) das vielleicht feinste, vor allem für Familien. Hier geht es nämlich richtig flach ins Meer. Auf der Strandstraße spaziert ihr durch einen grünen Tunnel aus Bäumen bis zur Promenade. Dahinter: 50 m breiter, feiner, seicht ins Meer führender Sandstrand und im Sommer viele, viele Strandkörbe. Trotzdem sind es nicht immer genug – am besten reservieren: *Tel. 0171 2768398 oder 7365392.* Am Fischerstrand könnt ihr morgens ab 7 Uhr noch den Fischern beim Anlanden zusehen und den Fisch so frisch kaufen wie nirgends sonst. Aber geht auch landeinwärts: Vorbei an süßen Reetdachhäuschen kommt ihr zur ungewöhnlichsten Fähre der Insel!

INSIDER-TIPP
Rent a Strandkorb

SIGHTSEEING

MÖNCHGUTER KÜSTENFISCHERMUSEUM

Süßes Freilichtmuseum rund um einen 9,5 m langen Fischkutter, der einmal vor Groß Zicker unterwegs war. *Tgl. 9–20 Uhr | Bollwerkstr. | 30 Min.*

RUDERBOOTFÄHRE

„Fährmann, hol über!" Diesen Spruch solltest du dir merken, denn du musst ihn rufen, damit der Fährmann dich bemerkt und dann gemächlich seine Ruder ins Wasser der Baaber Bek taucht, um die gut 50 m von der anderen Seite zurückzulegen. Hilfsweise läutest du mit dem Stück Metall, das extra dafür am Baaber Bollwerk hängt. Vorsicht beim Einsteigen, das hölzerne Schiffchen schaukelt! Und trotzdem nimmt der Fährmann selbst Radfahrer mit, die sonst rund 8 km um den Selliner See herumfahren müssten, um nach Moritzdorf zu kommen. Seit 1891 ist das so. Und weil so viele kommen, für die die Fahrt die eigentliche Attraktion ist, plant hier niemand eine Brücke. *Bollwerkstr.*

ESSEN & TRINKEN

CAFÉ KLATSCH

Bei den Zwillingsschwestern Andrea und Dorina Franz sind die selbst gebackenen Kuchen und Torten gleich doppelt gut. Vor allem die fluffig-lockere Bernsteintorte mit Baiser schmeckt himmlisch. Das Ambiente? Ist auch top. *Mi–So 12–18 Uhr | Am Kurpark 2 | Tel. 0172 3 02 70 58 | baabe-cafeklatsch.de | €*

INSIDER-TIPP
Bernstein wie Wolken

INSELPARADIES

Schon zu DDR-Zeiten war der Müther-Bau (s. S. 20) am Strand mit seinen klaren Linien, viel Glas und dem freien Blick aufs Meer berühmt. Jetzt hat Francesco Galeano das einmalige Gebäude übernommen. Oben wird abends am Tisch mit Aussicht serviert, in der Strandbar unten den ganzen Tag über alles verkauft, was der hungrige Badegast begehrt. *Tgl. | Am Inselparadies | Tel. 038303 49 31 44 | inselparadies-baabe.de | €–€€*

ZUM FISCHER

Hier bist du wirklich beim Fischer: Denn der Besitzer fischt, und was er fängt, wird feinstens zubereitet und fix serviert. Jeden Tag wird ab 9 Uhr auch Fisch verkauft. *Tgl. 12–20 Uhr | Bollwerkstr. 6 | Tel. 038303 8 64 28 | zumfischer.de | €€*

SPORT & SPASS

Segeln? Windsurfen? SUP? Bei *Surf Sail Baabe (Lindenallee 6 | Tel. 0179 5 30 39 33 | windrider.de)* kannst du alles Nötige leihen und Kurse belegen. Fahrräder gibt's auch. Wer gern läuft oder joggt: Dienstags um 18 und donnerstags früh um 7 Uhr kann man in Gesellschaft durch die Baaber Heide laufen, Treffpunkt: Haus des Gastes.

AUSGEHEN & FEIERN

Immer was zu lachen: Im *Kabarett Lachmöwe (Strandstr. 24–28 | Tel. 038303 9 90 75 | kabarett-lachmoewe.de)* tritt das Hausensemble „Nörgelsäcke" zwischen Ostern und Silvester auf.

RUND UM BAABE

5 MORITZDORF

6 km von Baabe, 15 Min. Autofahrt

Die Anreise mit der Ruderbootfähre ist Teil des Spaßes. Wenn du doch mit dem Auto kommst, musst du es vor dem kleinen Dorf abstellen. Und dann geht's hügelauf zur Ausflugsgaststätte *Moritzburg (tgl. Mai–Aug. 10.30–20.30, Sept./Okt. und März/April bis 19 Uhr | Moritzdorf 14 | Tel. 038303 9 58 84 | €€)*. Von hier aus hast du den besten

Ausblick über Baabe und das Mönchgut mit seinen sanften Hügeln, und schmecken tut's auch noch. M6

GÖHREN

(M6) **Göhren hat zwei Seiten: die lebendige Promenade mit der Seebrücke am Nordstrand, wo immer etwas los ist. Und auf der anderen Seite den Südstrand – entspannt, feinsandig und perfekt für Familien.** Beide Strände sind nur einen wunderschönen Spaziergang entlang der Küste des Nordperd genannten Kaps voneinander entfernt, vorbei am östlichsten Punkt der Insel. Und das Dorf? Liegt darüber, nicht umsonst bedeutet Göhren im Slawischen „Berg". So leben die gut 1200 Göhrener 20 Höhenmeter über den Badegästen und können ihnen auf den Kopf spucken (macht aber natürlich keiner). Wer mit dem Dampfzug *Rasender Roland* ankommt, der hier Endstation hat, hat die Wahl: erst zum ein paar Minuten entfernten Nordstrand oder mit dem Schrägaufzug den steilen Hang hinauf zum Dorf mit seinen hübschen Bädervillen?

SIGHTSEEING

MÖNCHGUTER MUSEEN

Kaum zu glauben, wenn man heute hier Urlaub macht, aber früher war das Leben auf dem Mönchgut hart, die Halbinsel abgeschieden vom Rest Rügens. Wie die Mönchguter lebten, welche Traditionen sie pflegten und welche Trachten sie trugen, all das zeigen die sanierten Heimatmuseen im Dorf. Das *Rookhus (Thiessower Str. 7)* und das *Heimatmuseum (Strandstr. 1)*

„Rasen" ist heute übertrieben: Roland zuckelt durch die Seebäder

Im Urlaub ab in die Dorfschule? Doch, doch, das macht in Middelhagen echt Spaß

glänzen wie alt. *goehren-ruegen.de/geschichte/moenchguter-museen/*.

ESSEN & TRINKEN

ZUR MUSCHELBAR

Stilechtes Fischrestaurant am Nordstrand mit großer Terrasse und Blick auf die Ostsee. Spezialität: frische Muscheln, aber auch Dorsch und Lachs aus der Pfanne. *Tgl. | Am Nordstrand 1 | Tel. 038308 2 54 42 | muschelbar.de | €*

SHOPPEN

Der Koch Peter Knobloch ist bekannt für seine Kräuterküche. Im Laden seiner *Villa mit Sonnenhof (Di–Sa | Friedrichstr. 8 | villa-mit-sonnenhof.de)* sind Kräutersalze, Gewürzmischungen und andere Köstlichkeiten zu erstehen.

SPORT & SPASS

Lust auf einen Abstecher nach Sellin oder Binz? Dann nimm für den Hinweg doch ein Schiff, von der Seebrücke gibt es mehrere Fahrten täglich *(Infos unter adler-schiffe.de)*, und für den Rückweg den *Rasenden Roland* (s. S. 84). Oder du verbringst gleich den ganzen Tag auf dem Wasser: Ein Tagestörn an Bord der Segelyacht „Sehnsucht" führt dich in die Gewässer rund um Göhren und das Mönchgut *(Buchung über das Hotel Stranddistel | Katharinenstr. 9 | Tel. 0171 2 75 21 03)*.

INSIDER-TIPP
Welle rückwärts surfen

Lust, lieber Skimboarding auszuprobieren? Das ist wie Wellenreiten, nur andersrum: Auf einem kleinen, ovalen Brett gleitest du in die Brandung hinein, aufs Meer hinaus und dann wieder zurück. Wie's geht, zeigt man dir bei *Tiki Beach (15. Juni–15. Sept. | Nordstrand, Abgang 11–13 | tiki-beach.de)*. Auch am Strand ist dort von Beachminton bis Beachsoccer viel los.

Spaß für Große und Kleine gibt es beim *Dünengolf (April–Okt. tgl. 11–17, in der Hauptsaison bis 21 Uhr | Nordstrand 4 | golf-goehren.de)*: Auf den beiden Bahnen für Mini- und Spaßgolf mit Strandblick geht's rund um Piraten oder um Rügen.

Im *Waldkino Göhren (im Regenbogencamp | Am Kleinbahnhof)* werden während der Saison Filme für die ganze Familie gezeigt, das Programm hängt überall im Dorf aus.

WELLNESS

KUR- UND WELLNESSHOTEL MÖNCHGUT

Wie wäre es mit einer Mitternachtssauna – Cocktail und Chill-out-Musik inklusive? Oder einem Rosenblütenbad zu zweit? Das und noch viel mehr Wellness können Tagesgäste hier genießen. *Waldstr. 7 | Tel. 038308 25252 | hotel-wellness-ruegen.de*

AUSGEHEN & FEIERN

In der *Globetrotterbar (Di–Sa ab 19 Uhr | Katharinenstr. 5 | globetrotter bar.de)* sind die Regale voll mit Spirituosen aus aller Welt, du hast die Qual der Wahl. Und gemütlich ist es auch. Im Juli und August ist jeden zweiten Abend Beachparty bei *Tiki Beach (ab 18 Uhr | tiki-beach.de)* angesagt, mit Lagerfeuer, Cocktails und Musik.

RUND UM GÖHREN

6 MIDDELHAGEN

4 km von Göhren, 10 Min. Autofahrt

Endlich wieder Schule! Mitten in den Ferien? Tatsächlich: Im *Schulmuseum (April–Okt. Di–So 11–17 Uhr | Dorfstr. 23 | short.travel/rue20 | 45 Min.)* könnt ihr die Schulbank drücken wie 1825, als die Dorfschule von Middelhagen gebaut wurde. In einer *Schulstunde (Di/Mi 10 und 11.30 Uhr nach Anmeldung unter Tel. 038308 2478)* erfahrt ihr, warum es eigentlich „sitzen bleiben" heißt und einiges mehr. Aber das Lehmfachwerkhaus ist nicht das einzige historische Gebäude in dem von Salzwiesen umgebenen Mönchguter Bilderbuchdorf. Da wäre etwa noch die *Kirche* (gebaut um 1400) mit dem ältesten Altar Rügens. Auch interessant: Bei *Mönchgut Keramik (Mo–Fr 14–18 Uhr | Dorfstr. 18b)* schaut man den Töpfern in ihre Werkstatt.

Hungrig geworden? Im *Gasthof Zum Walfisch (Do–Di | Lobbe 32 | Tel. 038308 25467 | walfisch-rügen.de | €€)* wird seit 1888 Hecht, Hering, Flunder und mehr aus den Netzen Mönchguter Fischer zubereitet und serviert. Und im *Gasthof Zur Linde (tgl. | Dorfstr. 20 | Tel. 038308 5540 | zur-linde-ruegen.de | €€)*, dem ältesten der Insel, genießt man selbst gebackenen Kuchen und Kaffee aus der hauseigenen Rösterei unter – genau – einer der Linden, die das Haus umgeben. Das Bier wird auch selbst gebraut. M6

THIESSOW

(▯ M7) **Zu drei Seiten Wasser: In Thiessow ist das Mönchgut zu Ende.** Auf der Fahrt zum Hafen und dem Südperd (der Südostspitze Rügens mit dem Aussichtspunkt am Kleinen Königsstuhl) fährst du gut 4 km an einem Kiefernwäldchen vorbei: Dahinter verbirgt sich der Oststrand, ein viele Meter breites Sandband mit jeder Menge Platz auch für dein Badehandtuch. In Thiessow (365 Ew.) selbst ist dagegen alles eine Nummer schlichter als in den anderen Badeorten, die Lage ist der Star. Genieß den salzigen Seewind aus fast allen Richtungen, schau den Fischern zu, wie sie ihren Fang ausladen, oder lauf den Thiessower Haken entlang bis nach Klein Zicker mit seinen Reetdachhäuschen: Am Ende der Dörpstraat kannst du dort vom Aussichtsturm bis nach Greifswald schauen.

SIGHTSEEING

LOTSENTURM

Früher wachten hier Lotsen über den Schiffsverkehr, der nicht zuletzt von den Thiessowern bedroht wurde. Sie waren Strandräuber und setzten gern mal falsche Leuchtfeuer, damit ein Schiff in den Untiefen vor Thiessow auf Grund lief. Doch das war einmal, und so darf jeder heute den Lotsenturm *(Lotsenberg 1 | Parkplatz am Südstrand)* auf dem 36 m hohen Südperd besteigen und das Mönchgut von oben bewundern. Wenn du Strandräuber sichtest, gib doch bitte im *Haus des Gastes (Hauptstr. 36)* Bescheid. Dort erfährst du auch mehr über das Lotsengeschäft und kannst die Glocke sehen, die die Lotsen einst zum Dienst rief.

ESSEN & TRINKEN

MÖNCHGUTER FISCHERKLAUSE

INSIDER-TIPP
Frischer Fisch-Zopf!

„Igrätigitt" gibt's hier nicht: Der leckere, aber grätenreiche Hornfisch wird zur Saison im Mai schon entgrätet und zu Zöpfen gebunden serviert – super! Auch des restliche Jahr über bekommt man hier leckeren, frischen Fisch ohne viel Schnickschnack. *Tgl. | Hauptstr. 48 | Tel. 038308 3 03 97 | moenchguter-fischerklause.de | €*

ZUM SÜDPERD

Die Pfannkuchen sind ein Traum! So wie der Rest der gutbürgerlichen Küche, die in dem hellen und großzügigen Restaurant serviert wird. Mit Terrasse. *Tgl. | Strandstr. 28 | Tel. 038308 3 09 08 | suedperd.de | €*

SHOPPEN

Wo kommen denn die ganzen Leute her? Wenn du dich das fragst, muss Dienstag oder Donnerstag sein. Denn dann ist *Rügenmarkt (Mai–Okt. Di, Do 9–16 Uhr | ruegen-markt.de)* im Thiessower Hafen, und das heißt: Du kannst an vielen Ständen Inseltypisches schnabulieren und erstehen, was hiesige Kunsthandwerker und Künstler in den letzten Monaten hergestellt haben. Der Markt ist mit gut 50 Ausstellern groß, gut besucht und hat sich trotzdem seinen Charme bewahrt.

SPORT & SPASS

„Surfin' DDR" hieß es hier schon zu Zeiten, als das auf der offenen Ostsee noch verboten war (Fluchtgefahr!). Weil das großzügige Revier am Greifswalder Bodden beste Bedingungen bietet, kommen bis heute viele Surfer und Kiter her. Bei der *Surfoase Mönchgut (tgl. 10–18 Uhr | Dörpstrat 2 | Klein Zicker | thiewaii.de)* kannst du das nötige Material ausleihen und Kurse belegen. Aber auch an Land gibt es die Möglichkeit, aufs Board zu steigen: Der kleine *Skatepark (Strandstr.)* ist nur ein paar Schritte von der Ostsee entfernt – perfekt also zum Abkühlen nach der Halfpipe.

Der spitze Hut steht ihm gut: Pfarrwitwenhaus in Groß Zicker

RUND UM THIESSOW

7 ZICKERSCHE BERGE

5 km bzw. 15 Min. Autofahrt von Thiessow bis Groß Zicker

Nur 69 m ragt der *Bakenberg* in die Höhe. In Süddeutschland wäre das allenfalls ein Hügel, aber auf Höhe des Meeresspiegels wirkt der höchste „Gipfel" der Zickerschen Berge tatsächlich wie ein Berg – höher hinaus geht es hier nirgends. Eine Rundwanderung beginnt in einem der schönsten Dörfer Rügens (hier das Auto abstellen): *Groß Zicker* besteht aus schiefen Häuschen. Das, was von außen wie ein Zuckerhut aussieht, ist das *Pfarrwitwenhaus (Mo–Fr 11–16, Sa/So 13.30–16 Uhr)*. Hierher zogen die Pfarrersfrauen, wenn sie nach dem Tod ihrer Männer die Pfarrhäuser räumen mussten.

Die Wanderung durchs Naturschutzgebiet führt auf angelegten Wegen vorbei an *Nonnenloch* und Steilküste (hier kann man über eine Treppe zum Strand absteigen) über *Gager* und *Bakenberg* zurück nach Groß Zicker (ca. 12 km). Wer danach immer noch neugierig ist, kann gleich aufs Neue mit dem sachkundigen René Geyer durch die Zickerschen Berge ziehen, auf einer *Wild- und Heilkräuterführung (naturgeyer.de)*.

Und wenn du jetzt Hunger hast: Im Restaurant *Küste & Wiese (Mi–Mo | Boddenstr. 4F | im Feriendorf Groß-Zicker | Tel. 0172 8 96 32 05 | kueste-wiese.restaurant | €€)* zaubert Koch Stefan u. a. aus fangfrischem Fisch einfallsreiche Gerichte. L–M7

JASMUND UND WITTOW

WILD UND WINDIG!

Im Norden Rügens tost der Wind über die unberührte Landschaft, zu der auch die Steilküste mit ihren Kreidefelsen gehört. Knorrige Bäume stehen schief in der Gegend. Windflüchter werden sie genannt, denn in der flachen Landschaft Wittows bleibt auch den Bäumen nur die Flucht nach vorn.

Besonders windig ist es an Rügens Nordspitze. Am Kap Arkona stehen gleich drei Türme über der tosenden See. Hier und auch auf der Halbinsel Jasmund fällt die Küste steil zum Meer ab. Weiß leuchten

Zerbrechlicher Anblick: die Kreideküste im Nationalpark Jasmund

die Stubbenkammer und der Königsstuhl, den Caspar David Friedrich in seinen Bildern unsterblich gemacht hat. Der Weg dorthin führt durch dichte Buchenwälder, die heute noch von den Ruinen und Sagen der slawischen Siedler erfüllt werden. Selbst die Strände sind hier im Norden wilder als anderswo auf der Insel – und vielleicht gerade deshalb so unfassbar schön. Allein an der Schaabe warten acht Kilometer feinster Sandstrand, die nahtlos ins Türkisblau der Ostsee übergehen. Mehr Meer geht nicht.

JASMUND UND WITTOW

MARCO POLO HIGHLIGHTS

★ **KAP ARKONA**
An Rügens Nordkap bis nach Dänemark schauen ➤ S. 62

★ **VITT**
Hier leben die Heringsfischer wie in einem Freilichtmuseum ➤ S. 64

★ **BUG**
Wandern, wo (angeblich) einst Störtebeker geboren wurde ➤ S. 64

★ **SCHAABE**
Auf 8 km Strand sonnenbaden wie in der Karibik ➤ S. 67

★ **WELTERBEFORUM**
Unter Buchen den rügenschen Urwald genießen ➤ S. 70

★ **KÖNIGSSTUHL**
Rügens berühmtester Kreidefelsen, das Wahrzeichen der Insel ➤ S. 71

KAP ARKONA

(🕮 J1) **Der nördlichste Punkt Rügens – na ja, fast. Der Gellort liegt noch weiter nördlich (und ein bisschen östlich), aber das ist was für Besserwisser. Nirgends wird das rügensche Nordkap so gefeiert wie am ★ Kap Arkona mit seinen drei Türmen, den Überresten eines alten slawischen Tempels und viel, viel Wind.** Das Auto muss draußen bleiben: Das stellt man auf dem gebührenpflichtigen Parkplatz (5,50 Euro) im malerischen Dörfchen Putgarten ab. Von dort steigt man in eine Pferdekutsche (mondän!), ins Bimmelbähnchen (fix!) oder geht die 2500 Schritte zu Fuß (genießerisch!). Am Kap selbst kann man über die steile Königstreppe zum Meer hinabsteigen – es sei denn, sie ist witterungsbedingt gesperrt. Im Sommer wird das Kap zur Freilichtbühne: Dann lauscht man abends Theaterstücken oder Musik.

SIGHTSEEING

LEUCHTTÜRME

Welcher ist welcher? Darüber spekuliert mindestens jeder zweite Besucher am Kap. Die beiden, die so einträchtig wie ungleich nebeneinanderstehen, sind der Leuchtturm (rund, lang, rote Spitze) und der Schinkelturm (klein, quadratisch, aus Backstein). Der Schinkelturm (19 m hoch) wurde 1826 nach Entwürfen des berühmten Architekten Karl Friedrich Schinkel gebaut; drinnen befindet sich eine Ausstellung über die Seefahrt und die Geschichte der Leuchtfeuer. Für den Schinkelturm endete die Geschichte 1905: Da ging der neue, 35 m hohe Leuchtturm in Betrieb. Von der Aussichtsplattform auf 28 m sieht man bis zu den Kreidefelsen der dänischen Insel Møn! *April, Mai, Okt. 10–16, Juni–Aug. 10–18, Sept. 10–17 Uhr | ⏱ Schinkelturm 15 Min., Leuchtturm 30 Min.*

PEILTURM

Turm Nummer 3, diesmal rund und aus Backstein. Zwischen 1927 und 1945 wurde er für Funkpeilungen genutzt, damals eine bahnbrechende Technik. Die wurde nach dem Krieg zerstört. Erst nach der Wende hat man den Turm wieder aufgebaut, mit einer Aussichtsplattform auf 20 m Höhe. Weil der Peilturm etwas abseits nahe der Jaromarsburg steht, kannst du von oben den Burgwall in seiner ganzen Ausdehnung bestaunen. Die neuen Turmbesitzer von Sallqa-Pacha verkaufen außer südamerikanischen Alpakatextilien auch Eis, Kaffee und Getränke. *Tgl. 10–17 Uhr*

JAROMARSBURG

Keine Angst, der Rane mit Vollbart, der einen als Holzkopf wachsam anzufunkeln scheint, tut nichts. Fürst Jaromar I. ist der Namensgeber des Walls, der die Skulptur umgibt; allerdings war hier nie seine Burg, sondern eine dem Gott Svantevit geweihte Tempelanlage. Archäologen finden ständig neue Überreste aus dem 6.–12. Jh., zuletzt eine Kulthalle. Doch mit der Küste brechen jedes Jahr auch Überreste der Anlage ins Meer, geschätzt zwei Drittel sind bereits verloren. Weitere Erkennt-

Der eine rundlich, der andere kantig: das Leuchtturmduo auf Kap Arkona

nisse verraten die Archäologen, die Besucher durch die Jaromarsburg führen. Die ist selbst zur Hochsaison schön untrubelig. *Führungen Mo, Mi, Fr 14 Uhr | Treffpunkt am Peilturm | kap-arkona.de/burgwall.html | ⏲ 1 Std.*

ESSEN & TRINKEN

UTSPANN

Du kommst durchgefroren vom Kap zurück und brauchst ein Bier? Das kriegst du in dieser urgemütlichen Kneipe, dazu deftige Hausmannskost. *Tgl. | Dorfstr. 24 | Putgarten | Tel. 038391 93 80 64 | €€*

SHOPPEN

Schon mal gesehen, wie aus Kreide kleine Figuren geschliffen werden? Wie ein Korb geflochten wird oder wie man Kerzen zieht? Das alles ist im *Rügenhof (Dorfstr. 22)* zu erleben, der früher einmal der Stall des alten Gutshofs auf dem Weg von Putgarten zum Kap war. Selbst ausprobieren ist ausdrücklich erlaubt und natürlich darfst du die Ergebnisse deiner Handwerkerarbeit (und alles andere) auch kaufen.
Im *Atelier Nordstrand (Dorfstr. 2 | Putgarten | atelier-nordstrand.de)* druckt der gelernte Schriftsetzer Stefan Gebler auf einer fußangetriebenen Druckpresse rügensche Sprüche auf handgeschöpftes Papier und bindet eigene Bücher. Seine Werkstatt ist ein lebendiges Museum.
Nicht weit vom Kap entfernt kannst du in der *Kap Arkona Rösterei (Nobbin 3 | Putgarten | kap-arkona-roesterei.de)* zuschauen, wie der Kaffee frisch geröstet wird. Wem das zu lange dauert, wählt unter den verschiedenen Blends,

die Sandra Peters hier zusammenstellt, das passende Mitbringsel aus.

RUND UMS KAP ARKONA

1 VITT ★

1,4 km vom Kap Arkona, 20 Min. zu Fuß
Ein prüfender Blick auf die Armbanduhr: Nein, die Zeit ist nicht stehen geblieben. Aber in Vitt, dem autofreien Fischerdorf mit seinen 13 reetgedeckten Häuschen, sieht es ganz so aus. Mach deshalb unbedingt den Umweg von 1400 m, wenn du vom Kap nach Putgarten zurückläufst. Selbst wenn es im Hochsommer voll ist und die vielen Imbissbuden stören: Ein Besuch in Vitt ist besser als jedes Freilichtmuseum. In der achteckigen *Kapelle* haben schon Generationen von Fischerfrauen im Sturm für ihre Männer gebetet. Von hier aus hat man einen guten Blick aufs Kap Arkona. Hunger? Dann besuch doch den *Goldenen Anker (tgl. 11–18 Uhr | Vitt 2 | Tel. 038391 12134 | gasthof-vitt.de | €)*, die Dorfgaststätte, und nimm dir dort die Zeit, die alten Fotos und Briefe an der Wand zu studieren. *fischerdorf-vitt.de* | *J1*

DRANSKE

(G1–2) **Grau wird bunt! Die verwaschenen Betonbauten sind Überbleibsel der Nationalen Volksarmee. 4000 Menschen lebten hier in der DDR – heute ist es noch ein Viertel. Inzwischen aber bekommt Dranske immer mehr Farbe.**
Die 2009 eingeweihte Schiffsbrücke führt weit auf den Bodden hinaus, auf dem viele Surfer mit ihren knalligen Segeln unterwegs sind. Es gibt süße Cafés, und nicht nur Fossilienjäger suchen bei jedem Wetter den einsamen (Stein-)Strand auf der Ostseeseite ab. Badestrände sind nicht weit entfernt, und dann ist da ja auch noch der geheimnisvolle Bug.

SIGHTSEEING

BUG ★

Ein Stück kann man hinter Dranske noch auf die Halbinsel Bug fahren, doch an der Schranke ist Schluss: Den Südbug darf man nur auf einer geführten Wanderung *(Di, Fr | nach Anmeldung im Fremdenverkehrsamt: Karl-Liebknecht-Str. 41, Tel. 038391 89007 | 3 Std.)* erkunden. Das solltest du machen, denn ein unberührteres Stück Natur findet sich kaum irgendwo. Die Militäranlagen hier sind ebenso wie das alte schwedische Posthäuschen längst verfallen oder überwuchert, die Natur hat den 8 km langen Nehrungshaken zurückerobert. Guck dich ganz genau um: Vielleicht findest du einen Hinweis auf das Piratennest, wo der Sage nach Störtebeker geboren wurde? Auf jeden Fall hörst und siehst du Vögel, deren Gesang anderswo längst verstummt ist.

MARINEHISTORISCHES MUSEUM

In der umgebauten Grundschule erfährt man, wie die Armee jahrzehntelang Dranske und den Bug geprägt hat. Die Fakten stimmen, schließlich haben Dransker, die selbst in der Armee waren, die Ausstellung gestaltet. *Mai–Okt. Di–Fr 11–16 Uhr | Schulstr. 19 | bug-wittow.de | 30 Min.*

ESSEN & TRINKEN

CAFÉ SAHNE

In ihrem plüschigen Café (mit kleinem Garten) backt Edith Artmer selbst – und wie! Probiertipp: die Sanddorntorte. Oder irgendeine andere, sie schmecken alle. *Tgl. 14–18 Uhr | Karl-Liebknecht-Str. 6 | Tel. 038391 8 80 16 | cafe-pension-sahne.de | €*

ZUM ANKER

Der Fisch, den das Ehepaar Gräfenhain in seiner Gaststätte zubereitet, ist oft erst ein paar Stunden aus dem Wasser. Dazu krosse Bratkartoffeln und ein kühles Bier – mhm! *Do–Mo | Karl-Liebknecht-Str. 14 | Tel. 038391 43 09 66 | fischgaststaette-dranske.de | €*

SPORT & SPASS

Ob Stand-up-Paddeln, Segeln, Wind- oder Kitesurfen: Bei den *Rügen-Piraten (Am Ufer 14 | Tel. 038391 43 97 57 | ruegen-piraten.de)* lernst du alles, und zwar ganz auf dich persönlich eingestellt. Massig Spaß bringt das Paddeln mit Familie, Freunden und noch ein paar Unbekannten im langen Drachenboot – nasses Vergnügen bei den ersten Koordinationsversuchen garantiert! Danach geht's zum Aufwärmen in die *Surfbar mit Bistro (tgl.)*. Wer lieber festen Boden

INSIDER-TIPP
Auf Drachen lachen

Feinstaub? Nie gehört. Durchs Dörfchen Vitt fahren keine Autos

unter den Füßen hat, kann hier auch Räder leihen.
Dranske ist außerdem ein wahres *Angelparadies*, und so heißt auch das Team um Frank Conrad, das Ausfahrten im Bodden und auf der Ostsee organisiert *(Tel. 038391 936 94 | angelparadies-ruegen.de)*.

Auf dem Rückweg nicht vergessen, ein hausgemachtes Eis von *Eis am Bakenberg (Nonnevitz 18a)* zu schlecken.
Urig ist der Bohlenweg, der von Nonnevitz durch die geschützte *Kreptitzer Heide* zu einem Aussichtspunkt über die Ostsee führt. Wenn es dir in den Füßen juckt: In gut 90 Minuten erreichst du von hier aus Dranske, der Wanderweg ist ausgeschildert. H1

Ein Faulenzertag im Strandkorb muss an der Ostsee sein – z. B. hier, nahe Juliusruh

RUND UM DRANSKE

2 NONNEVITZ

7 km von Dranske, 15 Min. Autofahrt

Den Strand unterhalb des *Regenbogen-Camps (Nonnevitz 13 | regenbogen.ag/ferienanlagen)* kennen nicht viele: Es gibt jede Menge Platz, das Wasser ist herrlich, aber (wegen der Strömung) auch im Sommer frisch.

3 WIEK

9 km von Dranske, 20 Min. Autofahrt

So eine Promenade hat sonst keiner: 130 m ragt die hohe Betonbrücke von Wiek in den Wieker Bodden hinein, eigentlich sollte hier Kreide vom Kap Arkona auf Schiffe verladen werden. Daraus wurde nichts, die Brücke verfiel – und wurde vor wenigen Jahren als *schwebende Promenade* wiedereröffnet. Im nahen *Blumencafé (Mi–So | Gerhart-Hauptmann-Str. 6 | blumen cafe-ruegen.de)* sitzt du in 3000 m^2 Garten (!) nicht nur mitten im Grünen, du kannst das Grün und viele bunte Blumen auch kaufen. Zu schnabulieren gibt es hausgemachte Kuchen. Oder du lässt dir ein Frühstück nach deinen Wünschen zubereiten, inklusive selbst gebackener Brötchen – vorher anmelden! *H2*

INSIDER-TIPP
Ganz nach deinem Geschmack

SCHAABE

(J2–3) **So muss das (Bade-)Paradies aussehen! Weg mit den Klamotten und hinein ins türkisblau glitzernde Meer an der ★ Schaabe. Es geht so flach hinein, dass man sich irgendwann lachend und mit einem lauten Platsch nach vorn ins Wasser wirft. Erfrischung pur!**

Einmal rundum schauen: rechts, links, überall feiner Sandstrand. Nach hinten begrenzen die Dünen und ein kühles Kiefernwäldchen den gut 50 m breiten und 8 km langen Strand. Genug Platz für alle! Imbissbuden, Strandkörbe oder Badewächter gibt es hier nicht. Nur elektrobetriebene Strandbuggys kommen ab und zu vorbei, um die Strandbesucher mit Eis, Bockwurst und anderem Urlaubslebenswichtigem zu versorgen. Den Rest bringen (und nehmen!) alle wieder mit. Nackt baden oder mit Textil? Wie man mag, hier macht jeder seine Regeln selbst. Je nach Windrichtung ist ein Windschutz gut, auch um ein bisschen Schatten abzubekommen. Ansonsten: einfach genießen. *An der L30 zwischen Breege-Juliusruh und Glowe, mehrere ausgeschilderte Gebührenparkplätze (Münzgeld nicht vergessen!)*

SIGHTSEEING

BREEGE-JULIUSRUH

An ihrem Wittower Ende geht die Schaabe nahtlos in den Strand von Juliusruh über. Breege, zweiter Teil des Doppelorts, hat seinen Hafen dagegen zum Großen Jasmunder Bodden hin: Von hier aus bringen Fähren *(reederei-kipp.de)* dich nach Hiddensee oder zu den *Störtebeker-Festspielen* (s. S. 82) in Ralswiek.

Wer verwunschene Orte mag, für den ist der *Park (Parkweg | zwischen Breege und Juliusruh)* von Juliusruh was! Eigentlich sollte er ein feiner spätbarocker Park werden, doch weil das der Frau des Fürsten von der Lancken (einer Fischerin, damals skandalös!) nicht gefiel, ließ ihr Gatte die andere Hälfte im englischen Stil anlegen. In den letzten 200 Jahren war der Park dann immer wieder sich selbst überlassen, was seinen besonderen Charme ausmacht.

GLOWE

Das zweite Tor zur Schaabe liegt auf Jasmund: Glowe boomt, kürzlich wurde der Hafen vergrößert. Von einem kleinen *Aussichtsturm* guckt man auf die Ostsee und das goldgelbe Band der Schaabe. Vorbei am Strand steht am Ortsausgang das Restaurant *Ostseeperle*: Auf jeden Fall angucken, auch wenn der Hunger gerade nicht drückt! Das spitzwinklig-dreieckige Gebäude von Ulrich Müther (mit viel Glas) ist spektakulär.

Fünf Minuten außerhalb des Ortskerns liegt das *Dinosaurierland (tgl. Juni–Aug. 10–18, April/Mai, Sept./Okt. 10–17, März 10–15 Uhr, Nov.–Feb. geschl. | Am Spyker See 2a | Glowe | dinosaurierland-ruegen.de)*. Wie bitte, Rügens Jurassic Park klingt erst mal ein bisschen nach „gähn"? Das Gähnen vergeht den Erwachsenen spätestens, wenn der erste lebensgroße T-Rex brüllend den Kopf zu ihnen umdreht! Kinder finden es sowieso cool hier und rennen irgendwann die Wege hinunter, schließlich kennen sie die meisten Dinos beim Vornamen. Zum Abschluss noch Bogenschießen und Fossilien-im-Sand-Ausgraben. So wird's ein perfekter Tag.

Das *Schloss Spyker* am gleichnamigen See beherbergt in seinen 760 Jahre alten Mauern ein Hotel samt *Restaurant (tgl. | Schlossallee 1 | Glowe | Tel. 038302 7 70 | schloss-spyker.de | €€€)*. Einmalig ist das Frühstücksbuffet unter den alten Stuckdecken! Allein der großzügige Schlosspark am See lohnt einen Abstecher, und das nicht nur montags, wenn hier zwischen 10 und 15 Uhr der *Schlossmarkt* stattfindet.

BODDENKÜSTE

INSIDER-TIPP
Die Schaabe für dich allein

Wenn die Schaabe sich seewärts mit Einheimischen und Urlaubern füllt, ist es auf der Boddenseite immer noch menschenleer: Im Kiefernwald auf der Rückseite der Nehrung kannst du dich super abkühlen und dir die Beine vertreten. Ein guter Zugang liegt auf halber Strecke beim Forsthaus Gelm, von dort aus ist es (südwärts) nicht weit zum Gelmer Ort. An dem Aussichtspunkt lichtet sich das Schilf und du hast einen wunderbaren Blick über den Bodden bis nach Hiddensee. Südlich von hier: das *Lange Moor*, durch das der Weg bis zu einer Badestelle im herrlich warmen Boddenwasser und nach Glowe führt.

ESSEN & TRINKEN

OSTSEEPERLE

Am besten auf der Terrasse essen, dann kannst du dabei das tolle Gebäude anschmachten – oder die nahen Dünen oder das Meer ... Auf der Karte stehen Steinofenpizza und Mediterranes, saisonal und schnell serviert. Platz lassen solltest du für den Nachtisch: ein paar leckere Kugeln aus der angegliederten Eismanufaktur. *Tgl. | Hauptstr. 42 | Glowe | Tel. 038302 56380 | ostseeperle-hotel.de | €€*

RÄUCHERKATEN

Am Kurpark räuchert Bernd Kuntze täglich den frischen Fang. Dazu gibt's Bier vom Fass! Die Kleinen können währenddessen auf dem riesigen Abenteuerspielplatz toben. *April–Okt. tgl. | Juliusruh | Tel. 038391 12159 | €*

SHOPPEN

Sein Strich ist ausdrucksstark, ein Hauch von Expressionismus wohnt in seinen Bildern: Im *Kunstraum Was-*

serwerk (Hauptstr. 1 | Glowe | kunstraum-wasserwerk.de), kann man bewundern, was Schauspieler Armin Müller-Stahl in seinen Radierungen, Zeichnungen, Lithografien oder Tintenmalereien festhält. Dort werden auch seine Drucke verkauft. Ein ungewöhnliches Andenken!

INSIDER-TIPP
Hollywood, Rügen-Style

RUND UM DIE SCHAABE

4 ALTENKIRCHEN

3 km von Juliusruh, 5 Min. Autofahrt

Die *Kirche*, die im Zentrum des Örtchens steht, ist tatsächlich alt! Im 12. Jh. wurde die Pfarrkirche gebaut, und sie erzählt von der Zeit, in der die Dänen das Christentum nach Rügen brachten. Such rechts vom Altar nach einer Steinplatte, die heraussticht: Auf ihr ist der heidnische Gott Svantevit zu sehen – der Stein wurde eingemauert, um den Sieg der Christen zu untermauern. Auch im Gewölbe sind Schweine und Hähne zu entdecken, die dem Ranengott zugerechnet werden. Wenn gerade Sommer ist, unbedingt eines der Konzerte anhören, die es dann wöchentlich gibt! Auf dem Friedhof findest du u. a. das Grab von Ludwig Gotthard Kosegarten, Pfarrer und romantischer Heimatdichter in einem. Im *Kosegartenhaus (Mai–Okt tgl. 9–17 Uhr | Karl-Marx-Platz 1)* neben der Kirche erfährst du mehr über ihn. Nur ein paar Schritte entfernt liegt das gemütliche *Hofcafé (tgl. | Karl-Marx-Platz 6)*, wo du Räucherfisch zum Kaffee und hausgemachten Kuchen zum Bier bestellen kannst. Oder umgekehrt. *H1–2*

Schon cool: das Dinosaurierland mit seinen Uralt-Bewohnern

5 SPLASH

8 km von Glowe, 10 Min. Autofahrt

Grauer Himmel? Regen? Im Familienspaßbad Splash ist das Wasser trotzdem tropisch warm, das große Innen- und Außenbecken lieben nicht nur Kinder. Außerdem gibt es mehrere Saunen, einen Wellnessbereich und einen Indoor-Spielplatz mit Elektrokarts und Trampolinanlage zum Rumhüpfen und -toben. *Tgl. 8–22 Uhr | Quoltitzer Str. | Sagard | splash-ruegen.de | K3*

6 GUMMANZ

9 km von Glowe, 12 Min. Autofahrt
Goldgräberstimmung! In Gummanz wurde mehr als ein Jahrhundert lang Rügens weißes Gold geschürft. Im *Kreidemuseum Gummanz (Ostern–Okt. tgl. 10–18, Nov.–Ostern Di–So 11–16 Uhr | Gummanz 3a | Sagard | kreidemuseum.de | ⏲ 1 Std.)* mit seinem Freilichtteil kann man sehen, unter welchen harten Bedingungen Arbeiter bis 1962 Kreide abbauten, und sogar selbst nach Fossilien in der Kreide suchen. In der Werkhalle des alten Kreidewerks wird erklärt, woher die Kreide stammt und warum gerade die Rügener Kreide so wertvoll ist und war. Deshalb gibt es auch noch aktive Tagebaue, die man nach Anmeldung auf der Website oder im Museum auf einer geführten Exkursion *(⏲ ca. 3 Std.)* besichtigen kann. Gummistiefel nicht vergessen! *🕮 L3*

NATIONAL-PARK JASMUND

(🕮 L–M 2–3) **So also sah einmal ganz Deutschland aus: dicht bewachsen mit hohen Buchen, deren Kronen von unten kaum zu sehen sind. Kathedralenartig wölben sie sich in der Höhe, unten ist jeder Ton gedämpft und die Stimmung irgendwie andächtig. In Deutschlands kleinstem ⚑ Nationalpark (30 km²) herrscht die Natur.**

Begrenzt wird sie an der Steilküste von den berühmten Kreideklippen, die strahlend weiß in der Sonne glänzen. Auf dem Weg passiert man Moore und Seen, aber der Urwald (Weltnaturerbe) ist der stille Star dieses Parks. Nimm dir mindestens einen halben Tag, um ihn zu genießen! Unbedingt besuchen: das ★ *Welterbeforum (z. B. von Sassnitz aus über den Hochuferweg zu erreichen, Parkplatz „Nationalpark" am Ortsausgang an der L303, Beschilderung folgen | 🕮 M3)*, die ehemalige Waldhalle zwischen der Ernst-Moritz-Arndt-Sicht und dem Ort, wo bis zu ihrem Abbruch 2005 die Kreidefelsen der Wissower Klinken waren. In einer Ausstellung erfährst du hier alles über Buchenwälder.

SIGHTSEEING

HERTHASEE

Düster liegt er da, genauso düster wie die Legenden, die sich um ihn ranken. Die Germanen sollen auf einem Opferstein am Ufer sogar Menschen geopfert haben, um Hertha, die Mutter Erde, gnädig zu stimmen. Ob das stimmt? Historiker sind sich uneins. Aber düster kann der von verkrüppelten Bäumen umstandene Moorsee auf dem Weg zwischen dem Besucherparkplatz in Hagen und dem Nationalparkzentrum am Königsstuhl auf jeden Fall. Und dann auch wieder strahlend schön, wenn die Sonne durch die Buchen hindurch die Szenerie erhellt. Schaurig sind die nahen Moore. Hier kann man Schlangen beobachten und je nach Jahreszeit auch Unken und Frösche, deren Quaken in der Luft liegt. *🕮 L3*

Wettergegerbte Schönheiten: Wind und Wellen bearbeiten die Kreidefelsen

NATIONALPARK-ZENTRUM KÖNIGSSTUHL

Wer hier nicht war, der hat Rügen nicht gesehen. Die strahlenden Kreidefelsen der Stubbenkammer sind das natürliche Wahrzeichen der Insel, der ★ *Königsstuhl* die berühmteste Formation. Such mit: Von hier hat Caspar David Friedrich die Kreidefelsen gemalt – oder doch eher von dort? In Wahrheit kombinierte Friedrich viele Aussichten in einem Bild. Vielleicht, weil alle so schön sind, dass er sich nicht entscheiden konnte? Um den Königsstuhl vom neuen Skywalk aus zu sehen, muss man eine Karte für das Nationalpark-Zentrum lösen. Auch das Besucherzentrum selbst ist ein Hit: Oder warst du schon mal in einer Zeitschleuse, die dich 70 Mio. Jahre zurückversetzt hat? Eben. Daneben warten u. a. ein Gletscher aus Echteis, ein Gang unter die Erde und ein Multivisionskino. *Tgl. Juni–Aug. 9–19, April/Mai, Sept./Okt. 9–18, Nov.–März 10–17 Uhr | vom Besucherparkplatz in Hagen Wanderweg (3 km) oder Pendelbus zum Zentrum | koenigsstuhl.com*

Übrigens: Von der (ausgeschilderten) *Viktoria-Sicht* außerhalb des Zentrums hat man auch einen tollen Blick auf die Kreidefelsen, und das kostenlos. *locker ein halber Tag* | *L3*

SPORT & SPASS

Am *Nationalpark-Zentrum Königsstuhl* starten täglich Wanderungen (*ca. 1 Std.*) durch die Stubbenkammer. Mehrmals im Monat bietet außerdem Katrin Staude von *Archäotour Rügen (Tel. 0157 72 73 17 51 | archaeo-tour-ruegen.de)* archäologische Wanderungen, auf denen sie verborgene Burgwälle oder geheimnisumwitterte Steingräber zeigt und die Sagen dazu verrät.

INSIDER-TIPP
Geheimnisumwoben unterwegs

RUND UM DEN NATIONALPARK JASMUND

7 LOHME

4 km bzw. 10 Min. Autofahrt vom Parkplatz des Nationalparks

Zu drei Seiten vom Nationalpark umgeben, liegt das Dörfchen ganz versteckt an der Steilküste im Norden Jasmunds. Eine Treppe mit 213 Stufen führt hier zum Strand, an dem du mit hoher Wahrscheinlichkeit Fossilien, Hühnergötter und Bernstein findest. Vorausgesetzt, du hast genug Geduld! Einen Stein entdeckst du am Strand ganz sicher: den Schwanenstein, einen der größten Findlinge der Insel. Wenn du mit deiner eigenen Ausbeute unzufrieden bist, dann schau bei Peter Müller vorbei: In seiner *Steinmanufaktur (Zum Hafen 6 | ruegen steine.de)* findest du alle Arten von Steinen, nature oder poliert, als Kette oder zur Vase verarbeitet.

Dir ist bei der Sucherei kalt geworden? Dann hilft ein Kaffee (oder ein Pommernsteak oder ein Dorschfilet oder ...) im Restaurant und Café *Daheim (tgl. | Arkonastr. 10 | Tel. 038302 93 52 | restaurant-daheim-lohme.de | €)*. Wenn es sportlich weitergehen soll, kannst du im *Hotel Schloss Ranzow (Schlossallee 1 | Tel. 038302 8 89 10 | hotel-schloss-ranzow.de)* auf dem 18-Loch-Golfplatz Holz und Eisen schwingen. *L2*

SASSNITZ

(L3–4) **Hier wird noch geschuftet: In Sassnitz, mit 9400 Ew. die zweitgrößte Stadt auf Rügen, leben Fischer und diejenigen, die im nahen Fährhafen von Mukran arbeiten.**

Dass die in der DDR ergraute Arbeiterstadt vor 100 Jahren als Seebad ebenso mondän war wie Binz, konnte man sich lange nicht mehr vorstellen. Doch das hat sich geändert! Weiße Villen im Bäderstil, ein lebendiger Hafen zum Erkunden und die elegante, geschwungene Stahlhängebrücke, über die man zu Fuß vom Zentrum zur Ostsee flanieren kann: Sassnitz ist wieder da, modern und elegant zugleich.

SIGHTSEEING

FISCHEREI- UND HAFENMUSEUM

Von seinem alten Standort mitten im Stadthafen ist das Museum 2023 ins Alte Kühlhaus umgezogen. Der Museumskutter Havel ist mit frisch saniertem Deck weiterhin der Star der Ausstellung, die nicht zuletzt erklärt, warum Erich Honecker aus dem Fährhafen Mukran ein großes Geheimnis machte. *April–Okt. Di–So 10–17 Uhr | Hafenstr. 12 | hafenmuseum.de | 45 Min.*

U-BOOT-MUSEUM

Erinnerst du dich noch an die armen Matrosen in „Das Boot"? Dieser gespenstische Hall, die qualvolle Enge, die Hitze beim Tauchgang? Ob du das Zeug zum U-Boot-Matrosen hättest, kannst du auf der H. M.S. Otus erproben, einem 90 m langen britischen

U-Boot. *Tgl. Sommerferien 10–19, Mai–Okt. 10–18, Nov., Feb.–April 10–16, Dez., Jan. Sa/So 10–16 Uhr | im Stadthafen | hms-otus.com | 30 Min.*

SCHMETTERLINGSPARK

Was ist denn da auf deiner Schulter gelandet? Die Schmetterlinge im Tropenhaus des Schmetterlingsparks kennen keine Berührungsängste. Über 140 verschiedene Arten flattern hier durch die Gegend – ein lebendiges Farbenmeer. *April–Okt. So–Fr 10–17 Uhr | Straße der Jugend 6 | schmetterlingspark-sassnitz.eu | 45 Min.*

DWASIEDEN

Hier kann man selbst Archäologe sein: Da die Marmorsäulen und Kachelböden, die zu einem Schloss gehörten, das sich ein Geldadliger aus der Bismarck-Ära baute. Die Rote Armee sprengte es später in die Luft, aber die überwucherten Ruinen sind noch da. Dort das Hünengrab, mit seinen 35 m Länge und zwei auffälligen Wächtersteinen nicht zu übersehen. Die restlichen 100 ha Park beansprucht die Natur für sich – der perfekte Ort für ein Picknick. Mehr Infos, auch zu Führungen, gibt's auf *schloss-dwasieden.de. Schlossallee*

Pöh, mondän kann nicht nur Binz! Sassnitz hat auch bildhübsche Villen

ESSEN & TRINKEN

KUTTERFISCH

Vom eigenen Kutter in die Pfanne und weiter auf den Teller – frischer geht es nicht. Und dann hat der Koch auch noch Ideen, kredenzt beispielsweise kross gebratenes Boddenzanderfilet auf Erbsen-Kartoffel-Stampf

Zur Bootstour ablegen oder den Backfischhunger stillen geht beides gut am Stadthafen

in Kerbelbutter. Zum Reinlegen! *Tgl. 11.30–20 Uhr | Hafenstr. 12d | Tel. 038392 5 13 30 | sassnitz.kutterfisch.de* | €€

SHOPPEN

Darf's ein Stück Seifentorte sein? Oder lieber eine Badebombe? Genauso wie die anderen Seifen, die das Team von *Inselseifen (Hauptstr. 10 | inselseifen.de)* verkauft, sind sie aus Naturstoffen wie Rügener Heilkreide, Sanddornöl oder Beeren hergestellt – von Hand! In der Schauwerkstatt darf man den Seifensiedern beim Herstellen von Badebomben und vielem mehr über die Schulter schauen. Sauber!

INSIDER-TIPP
Bombenbauern zusehen

Im Stadthafen bekommt man im *Rügenmarkt (Hafenstr. 12d | short.travel/rue8)* alle Produkte von der Insel.

SPORT & SPASS

Sassnitz hat nicht umsonst einen großen Stadthafen – in der Saison legen hier täglich bis zu sieben Schiffe ab, die dich zur Kreideküste, zum Kap Arkona oder zu den Ostseebädern bringen. Welches Schiff wann fährt, erfährst du auf *insassnitz.de*.
Ein Hauch Südseefeeling gefällig? In den *Seen des alten Kreidetagebaus* (erreichbar auf einem schattigen Spaziergang durch den Wald oberhalb der Waldmeisterstraße) schimmert das Wasser türkisblau, dazu leuchtet der von der Kreide weiße Strand paradiesisch. Vorsicht, nur für sichere Schwimmer! Staunen und picknicken können aber alle, selbst Nichtschwimmer.

AUSGEHEN & FEIERN

Das Kino wird in Sassnitz von Filmfans im Verein selbst betrieben, kommen darf aber jeder: Wenn im *Grundtvighaus (Seestr. 3 | Tel. 038302 9 00 10 | kino-lichtspiele-sassnitz.de)* der Projektor rattert, ist Programmkino zu sehen. Einen Drink gönnen kannst du dir danach im *Pier 13 (tgl. ab 12 Uhr | Strandpromenade 1 | Facebook: Cafepier13)*. Hier gibt es zu den Cocktails Meerblick und eine frische Brise dazu.

RUND UM SASSNITZ

8 LIETZOW

11 km von Sassnitz, 15 Min. Autofahrt

Dort, wo der schmale, 1868 gebaute Damm den Kleinen vom Großen Jasmunder Bodden trennt, liegt Lietzow. Hinter dem Bahnübergang steht seit 1910 die *Traditionsräucherei Lietzow (tgl. | Spitzer Ort 7 | Tel. 03838 8 27 90 45 | raeucherei-lietzow.de)*, die älteste Fischräucherei auf Rügen. Der Fisch, den die Mitarbeiter hier mehrmals täglich aus dem Holzofen ziehen, ist aber ganz frisch – und schmeckt warm am besten. Zum Dessert vielleicht ein hausgemachtes Zimtparfait? Wer danach die sprichwörtlichen tausend Schritte tun will, kann das gut im nahen *Waldpark Semper* mit seinen 38 ha Natur machen. Knarzige Eichen, ein Hexenwald aus Krüppelbuchen, Kaskadenteiche und ein historischer Wasserturm – der vor knapp 100 Jahren angelegte Park ist frei zugänglich, das Schloss darin allerdings in Privatbesitz. K4

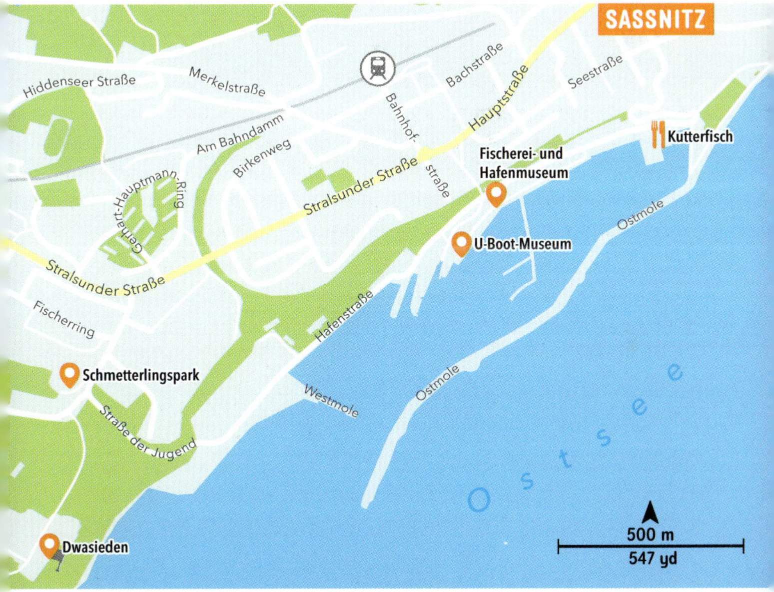

BODDEN UND BINNENLAND

ECHT UND ECHT RUHIG

Hier schlägt das unbekannte Herz Rügens: Mittendrin ist die Insel ganz sie selbst, zwischen Natur, Tradition und neuen Ideen. Der Raps leuchtet gelb bis zum Horizont. Daneben Felder voll knallrotem Klatschmohn und Sanddornfrüchte in strahlendem Orange: So bunt wie im Binnenland ist Rügen nirgends.

Obwohl, von wegen Binnenland: Das nächste Gewässer ist auch hier nie mehr als 3000 Schritte entfernt. Und im warmen Boddenwasser schwimmt es sich ebenso gut wie in der Ostsee. So bunt wie die Natur

Am Circus in Putbus sind die Bürgerhäuser die strahlenden Stars

sind auch die Menschen, die hier leben. Künstler, traditionsbewusste Handwerker und viele Lebenskünstler haben ihr Zuhause Tür an Tür mit Bauern, Fischern und Arbeitern. Rügen ist kein Freilichtmuseum, hier wird gelebt. Genau deshalb stößt du beinahe überall auf kleine und große Geheimnisse, wenn du dir die Zeit nimmst, hinzuschauen. Radele durch eine der urigen Alleen, setz dich mitten auf den riesigen Feldern auf eine Bank, schau zum Himmel, wo seltene Fischadler und Kraniche ihre Runden drehen. Und hör mal: ganz viel Ruhe ...

BODDEN UND BINNENLAND

MARCO POLO HIGHLIGHTS

★ **KLOSTERHOF**
Im Schatten der Marienkirche in Bergen Handwerkern zusehen ➤ S. 80

★ **STÖRTEBEKER-FESTSPIELE**
Dem legendären Piraten live begegnen ➤ S. 82

★ **PUTBUS**
Stadt ganz in Weiß, mit (mehr als) einem Blumenstrauß ➤ S. 83

★ **RASENDER ROLAND**
Schnaufend und pfeifend geht's über die Insel, der Dampflok sei Dank ➤ S. 84

★ **VILM**
Unberührte Natur, wo einst Honecker urlaubte ➤ S. 86

★ **UMMANZ**
Mit den Kranichen auf Du und Du ➤ S. 91

BERGEN

(□ J5) **Um Bergen kommt man nicht herum: Hier kreuzen sich alle Straßen und Wege, stehen die größten Supermärkte, die zur Saison auch sonntags geöffnet haben.** Ist das alles? Nein! Das hügelige Städtchen (13 500 Ew.) verströmt im Kern immer noch den Charme der Inselhauptstadt, obwohl die Ämter seit der letzten Gebietsreform abgezogen sind. Bummele an den Schaufenstern der kleinen Läden vorbei über das Kopfsteinpflaster bis zum Markt und schau auf jeden Fall auch im Klosterhof vorbei.

SIGHTSEEING

ERNST-MORITZ-ARNDT-TURM

99 Stufen bis zum Wow: Zwar ist der Backsteinturm nur knapp 27 m hoch, aber weil er auf dem Rugard steht (91 m, auf Rügen ist das ein Berg), kannst du bis zur Ostsee und nach Stralsund blicken. Übrigens: Rugard bedeutet „Burg der Rüganer", du läufst auf einem mehr als 1000 Jahre alten Burgwall! *Mai–Okt. tgl. 10–18 Uhr, Nov.–April Schlüssel an der Rezeption des Hotels Rugard | ⏲ 20 Min.*

KLOSTERHOF ★

Ein paar Schritte weg von der belebten Marktstraße, und man steht mitten in einer kleinen Oase: Wo früher Nonnen lebten, kann man heute das kleine *Stadtmuseum (Mo–Fr Mai–Okt. 10–16.30, Nov.–April 11–15 Uhr | stadtmuseum-bergen-auf-ruegen.de | ⏲ 30 Min.)* besuchen, in der dazugehörigen *Schauwerkstatt* Handwerkern zuschauen und handgemachte Produkte kaufen. Kaffee und Kuchen gefällig? Gerne doch. Mittendrin: die *Marienkirche*, 1180 von Rügenfürst Jaromar I. gebaut, eine Backsteinbasilika. Im Sommer spielen mittwochabends Musiker auf. Die Uhr an der Kirche zeigt übrigens 61 Minuten an: Wir alle können uns also etwas mehr Zeit lassen, den Uhrmachern, denen ihr Fehler zu spät auffiel, sei Dank. *Billrothstr. 20a*

INSIDER-TIPP **Geschenkte Zeit!**

ESSEN & TRINKEN

SUPPENKASPER

Hier essen Bergener Bauarbeiter genauso wie bayerische Bergenbesucher. Täglich hat Suppenköchin Sylvia Marquardt vier frisch zubereitete Suppen oder Eintöpfe im Angebot, dazu Brot – mehr braucht es nicht, um glücklich (und satt) zu sein. *Mo–Do 11–13 Uhr | Markt 21 | Tel. 0173 2 10 92 32 | suppenkasper-ruegen.de | €*

EISPALAST

Klar, Uwe Wendling kann Schoko und Vanille. Aber der Eismeister probiert auch gern Neues aus, deshalb kommt bei ihm auch schon mal Bier-, Gurken- oder Tomateneis in die Tüte. Und das Obst für Mirabelle, Pflaume oder Apfel hat er im eigenen Garten geerntet. Mmmh! *Tgl. | Marktstr. 6 | Tel. 03838 2 35 35 | €*

INSIDER-TIPP **Eine Kugel Schwarzbier, bitte!**

In der hübschen Marienkirche kannst du ein Minütchen länger bleiben

MEYER'S TÜFFELHUS

Nein, hier gibt es keine Trüffel, sondern Tüffel – Kartoffeln also. Als zünftige Suppe, feines Gratin, Beilage zu Schnitzel und auch als Pommes (zu Krakenwürstchen) für die Kids. Mit Terrasse. *Tgl. | Dammstr. 1 | Tel. 03838 2 23 32 | tueffelhus.de | €€*

SHOPPEN

Kram, Krempel und (hochwertigen) Trödel findest du bei der *Firma Hinz (Dammstr. 6 | Tel. 03838 25 28 08 | firma-hinz.de)*, ursprünglich mal eine Kürschnerei. Meister Uwe Hinz führt in klassischer Bürgertracht auch Besuchergruppen durch die Stadt, mehr als er weiß wohl niemand über Bergen.

In der 5 km außerhalb gelegenen *Rügener Landschlachterei (saisonal wechselnde Öffnungszeiten beachten, s. Website | Gademow 6b | Parchtitz | ruegenfleisch.de)* macht Marcus Bauermann eigenhändig leckere Salami, Räucherfleisch und Leberwurst: Der Räucherduft (ver)führt dich hin.

SPORT & SPASS

Es geht bergab – auf der *Inselrodelbahn Bergen (Juli–Aug. tgl. 10–19, April–Juni, Sept./Okt. 10–18, Nov.–März 13 Uhr bis Einbruch der Dunkelheit | Rugardweg 7 | inselrodelbahn-bergen.de)*. Erstaunlich, wie schnell so ein Wägelchen auf 27 Höhenmetern werden kann. Trotz Steilkurven, Jump, Welle und Kreisel ist der Spaß auch elterngeeignet. Kinder lieben es sowieso!

Auf der *Rügenkartbahn (Tetel | Zittvitz 26 | stark wechselnde Öffnungszeiten, s. ruegenkartbahn.de)* kannst du dich im Gokart- und Quadfahren versuchen. Wer gern rutscht, kommt im Rutschenturm auf seine Kosten. Minigolf gibt's auch.

Objekt der (Beobachter-)Begierde am Nonnensee: ein jagender Seeadler

AUSGEHEN & FEIERN

Das *La Grange (Gingster Chaussee 6 | Programm auf la-grange.de)* ist Kunst, Musik, Party in einer alten Industriehalle. Schräge Festivals mit Namen wie „Fette Ente im Krokoteich" ziehen viel junges Publikum an. Was da genau passiert? Hingehen, ansehen, mitfeiern! Doch eher Lust auf Kino? Das *UC Kino (Ringstr. 140 | Tel. 03838 20 21 22 | kino-bergen-ruegen.de)* mit fünf Sälen ist Rügens einziges Kinocenter.

RUND UM BERGEN

1 NONNENSEE

4 km von Bergen, 10 Min. Autofahrt

Für den Besuch am Nonnensee mit seinem 5 km langen Rundwanderweg (zwei Aussichtstürme inklusive) nicht das Fernglas vergessen, denn dann kann man die regelmäßig über dem Wasser kreisenden See- und Fischadler besonders gut beobachten. Im Mittelalter stand hier noch ein Kloster, mit besonders gemeinen Nonnen. Das Kloster versank, manch einer hört heute noch ihr Klagen. Du auch? Immer wieder wurde der See trockengelegt, seit 1994 ist er endgültig zurück. Und mit ihm 80 seltene Vogelarten. *An der B96 (Parkplatz gegenüber dem Industriegebiet) | J5*

2 RALSWIEK

6 km von Bergen, 10 Min. Autofahrt

Im Sommer lässt sich Ralswiek in einem Wort zusammenfassen: Störtebeker! Wenn für zwei Monate die ★ *Störtebeker-Festspiele (Ende Juni–Anfang Sept. Mo–Sa 20 Uhr | Tel. 03838 3 11 00 | stoertebeker.de)* toben, ist im Hafen des 200-Einwohner-Städtchens außer sonntags jeden Abend volles Haus. Schon um 18 Uhr startet die Adlershow. Achtung: Das Dorf ist an Störti-Tagen abgesperrt, vom Parkplatz aus geht es zu Fuß oder mit dem Pendelbus zur Bühne.

Jedes Jahr wird eine neue Episode aus dem Leben des Freibeuters aufgeführt, nur der Schluss ist immer gleich: ein spektakuläres Feuerwerk. Überhaupt, dass hier schon seit den 1960er-Jahren eine der größten Naturbühnen Europas steht (mehr als 8800 Plätze!), hat einen Grund: Die Bucht und der Blick auf den Bodden sowie die Schwarzen Berge sind herrlich, umso mehr in der Frühe oder der Nebensaison, wenn die Kraniche über den Hafen fliegen. Hunger? Auf dem *Räucherschiff Elbe (tgl.)* gibt's den besten Fisch der Gegend.

Im *Schloss von Ralswiek*, im 19. Jh. vom reichen Grafen Douglas erbaut, heiraten nicht nur Prinzen und Prinzessinnen. Den riesigen Landschaftspark darf man auch besuchen, ohne Schlosshotel-Gast zu sein. Übrigens: Auch die niedliche Holzkapelle am Ortseingang von Ralswiek war ein Geschenk des reichen Grafen. *J4*

3 PULITZ

8 km von Bergen, 20 Min. Autofahrt

INSIDER-TIPP
Besuchen (beinahe) verboten

Diese Insel steht unter Schutz – deshalb darfst du nur zwischen dem 16. Juli und 14. Januar herkommen. Dann aber lohnt es sich. Stell den Wagen hinter dem gemütlichen Örtchen Pulitz am Trafohäuschen aus Backstein ab. Lauf durch die einst vom Fürsten angepflanzte Obstallee (zugreifen erlaubt – und lecker!) bis zum schmalen Damm, der dich, an einer von Schülern betreuten Streuobstwiese vorbei, mitten ins Naturschutzgebiet führt. Genieß die Einsamkeit! Der Moment, wenn dich auf einmal aus dem Gebüsch scheu ein Reh anschaut: unbezahlbar. *K5*

4 RAMBIN

18 km von Bergen, 20 Min. Autofahrt

Seit die B96n fertig ist, rauscht der (Urlaubs-)Verkehr an Rambin vorbei. Zu Unrecht, denn mit der *Insel-Brauerei (tgl. 10–18 Uhr | Hauptstr. 2c | insel-brauerei.de)* hat Rügen hier nicht nur eine urige Kneipe, in der man auf die kupfernen Braukessel blickt *(Brauereibesuche möglich)*. Baltic Ale, German Coast IPA, Insel Kreide und viele andere Sorten mehr, in Papier eingewickelt und in der Holzkiste verkauft, sind zudem vielfach mit den World Beer Awards ausgezeichnet worden und schmecken einfach zu 100 Prozent nach Insel. *G6*

PUTBUS

(J–K6) **Fürst Wilhelm Malte I. zu Putbus hatte es nicht so mit dem Kleckern, er klotzte gern. Wenn schon Residenzstadt, dann richtig!** 1810 ließ er die Baumeister ran, um aus dem kleinen Dorf „hinter dem Holunderbusch" – denn das bedeutet ★ *Putbus* (4400 Ew.) – ein architektonisches Kunstwerk zu machen, das schnell als „Weiße Stadt" bestaunt wurde. Im Mittelpunkt: der kreisrunde *Circus*. Vom Obelisken im Zentrum führen Pfade wie Radachsen zu den strahlend weißen Bürgerhäusern rundherum. Vorbei an Schlosspark und Orangerie folgt man der schnurgeraden Allee zum Markt und dem imposanten Theater. Und überall Rosenstöcke. Man muss es ihm lassen: Der Mann hatte Geschmack.

Klare Linien waren schon vor allen Aufräumratgebern angesagt, siehe Circus

SIGHTSEEING

RASENDER ROLAND ★

Alles aussteigen! In Putbus haben die von Dampfloks gezogenen Schmalspurzüge von Binz Endstation. Nur im Sommer fahren manche von ihnen weiter bis zur Mole nach Lauterbach. Egal, wohin du willst: Eine Fahrt mit der Rügenschen Bäderbahn (Höchstgeschwindigkeit: 30 km/h, besonderes Kennzeichen: das fast überall auf der Insel zu hörende Tuten) ist praktisch Pflicht. Vielleicht steigst du einfach an einer der sieben Bedarfshaltestellen aus und läufst ein Stück? Dann sag dazu dem Schaffner Bescheid, sonst hält der Zug nicht. Der Schaffner kann manchmal auch arrangieren, dass man vorn in der Lok mitfährt und dem Zugführer zuschaut. *Fahrpläne auf ruegensche-baederbahn.de*

SCHLOSSPARK

Eine Fülle von Rosenzüchtungen wächst im Park und den umliegenden Straßen. Allein mit dem Erschnuppern der Rosen, die rund um den Schwanenteich blühen, lassen sich Stunden hier verbringen. Englische Landschaftsgärten waren Fürst Wilhelm Malte das Vorbild für den Schlosspark, der übrigens seit 60 Jahren ohne Schloss auskommen muss. Es wurde in der DDR abgerissen. Heute erinnert eine Pergola an den einstigen Standort. Das Denkmal für den Fürsten steht dagegen noch, ebenso wie ein *Mausoleum* von Angehörigen der Fürstenfamilie, der *Marstall* (heute ein Veranstaltungszentrum) und die *Orangerie* (auf die Kunstausstellungen achten: *kulturstiftung-ruegen.de*). Nimm dir Zeit beim Schlendern durch den Park und schau auch am Wildgehege vorbei, wo Rehe und Hirsche äsen.

Im ehemaligen Affenhaus stellt Karin Ernst Puppen und anderes Spielzeug aus drei Jahrhunderten aus: *Rügener Puppen- und Spielzeugmuseum (tgl. 10–18 Uhr | Kastanienallee | puppen museum-putbus.de | ⏲ 30 Min.).* Dienstags, mittwochs und donnerstags starten jeweils um 11 Uhr Führungen durch Stadt und Park, Treffpunkt an der Touristen-Information *(Alleestr. 2).*

UHREN- UND MUSIKGERÄTEMUSEUM

Eine skurrile Mischung aus über 1000 Ausstellungsstücken hat Sammler Franz Sklorz zusammengetragen. Sogar eine echte Spionuhr aus dem Kalten Krieg! Überall gibt es etwas zu gucken, schließlich ist da noch die Werkstatt, in der man die Uhrmacherarbeit kennenlernen kann. Und schwups, ist die Zeit in diesem niedlichen Museum ganz schnell vergangen. *Nov.–Mai Di–So 11–16, Juni–Okt. Di–So 10–18 Uhr | Alleestr. 13 | uhrenmuseum-putbus.de | ⏲ 45 Min.*

CIRCUS EINS

Außen Klassizismus, innen moderne Kunst. Vorbeischauen, Architektur und die wechselnden Ausstellungen sind es beide wert! *Fr–So 13–17 Uhr | Circus 1 | circus-eins.de*

ESSEN & TRINKEN

JÄGERHÜTTE PUTBUS

Wer Wild mag, ist hier richtig, ein paar Schritte vom Wildgehege im Schlosspark entfernt. Der Hirschbraten ist köstlich. Mit Terrasse und Kaminfeuer für die kalte Jahreszeit. *Tgl. | Alleestr. 33 | Tel. 038301 5 10 | €€*

NAUTILUS

Erinnerst du dich an Kapitän Nemo und sein U-Boot, mit dem er 20 000 Meilen unter dem Meer tauchte? Hier kannst du in Jules Vernes Welt eintauchen, und zwar wortwörtlich. Das Restaurant ist ausgestattet wie ein Filmset. Nur vor lauter Staunen nicht das Essen vergessen! *Tgl. | Neukamp 17 | Tel. 038301 8 30 | ruegen-nautilus.de | €€*

AUSGEHEN & FEIERN

THEATER PUTBUS

Erwähnten wir schon, dass Fürst Wilhelm Malte gerne klotzte? Das Theater Putbus ist eine Art Pariser Oper in mini, ein Musenpalast mit viel Stuck, Samt, Marmor. An der Decke hängt natürlich ein Kristalllüster und die Fürstenloge bietet bis heute den besten Blick auf die Bühne. Ganz egal, was gerade gespielt wird – Theater, Tanz, Klassik, Plattdeutsches oder Kabarett –, allein schon wegen des Interieurs solltest du eine Karte lösen. *Markt 13 | Tel. 038301 80 83 30 | short.travel/rue16*

RUND UM PUTBUS

5 LAUTERBACH

3 km von Putbus, 5 Min. Autofahrt

Wer hat's erfunden? Fürst Malte natürlich – der machte aus dem Fischerdorf am Rügischen Bodden das erste Seebad der Insel (bevor er es bald darauf nach Binz umzog). Komm hierher, und wenn es nur wegen der Fischbrötchen ist: Denn auf dem *Räucherschiff Berta (tgl. Mai–Anfang Okt.)* im Lauterbacher Hafen gibt's die besten der ganzen Insel. Saftiger Backfisch oder aromatischer Räucherhering, die Brötchen knacken beim Reinbeißen – lecker! Im Sommer wird es mittwochs bunt am Hafen: Auf dem Markt *Rügen kreativ (Juli/Aug. | ruegen-kreativ.de)* rufen 30 Künstlerinnen und Manufakteure zum Schauen, Kaufen und Mitmachen auf.

Vom Hafen aus fahren auch die Schiffe nach Vilm, oder du kannst auf *Robbensafari (Do 9.30 Uhr | Tel. 03831 2 68 10 | short.travel/rue6)* gehen: Wenn die See glatt ist, stehen die Chancen besonders gut, die heimischen Kegelrobben zu beobachten!

Falls dir nach ein paar Stunden auf dem schaukelnden Deck nach Wellness zumute ist, dann fahr einfach ins nahe *Badehaus Goor (Fürst-Malte-Allee 1 | Tel. 038301 8 82 60 | hotel-badehaus-goor.de | €€€)*. Der Begriff Wellnesstempel ist hier wörtlich gemeint, man stolziert zwischen ionischen Säulen hindurch zur Sauna. Und wer hat's erfunden? Na klar, Fürst Malte. Der Mann ist einfach überall.

Muße und Erkenntnis verspricht der Pfad, der vom Badehaus aus 4 km durch den Küstenwald von Goor führt *(Begleitbroschüre unter short.travel/rue13)*. K6

6 VILM ★

20 km von Putbus, 10 Min. Fahrt mit der Fähre ab Lauterbach Mole

Achtung, wichtiger Verkehrshinweis: Wenn du nach Vilm willst, solltest du

INSIDER-TIPP
Pünktliches Julchen!

bei der Anfahrt extra Zeit einplanen, auch fürs Parken! Denn „Julchen" wartet nicht, und das Schiff dieses Namens fährt nur einmal am Tag. Überhaupt dürfen täglich nicht mehr als 30 Leute die 2,5 km lange Insel besuchen, auf der zu DDR-Zeiten die Führungsriege der SED urlaubte. Heute sitzt auf Vilm das Bundesamt für Naturschutz. Die Ferienhäuser von Honecker und Co. sind erstaunlich klein und die eigentlichen Stars sowieso die Bäume in einem der letzten Urwälder Norddeutschlands: uralt und knorrig, jeder für sich ein Kunstwerk. Weil die Insel unter Schutz steht, darf man sich nur geführt umsehen *(⏲ mit Fahrt etwa 3 Std.)* – und muss sich, gerade im Sommer, frühzeitig anmelden! *Tgl. um 10 Uhr ab Lauterbach | 18 Euro | Tel. 038301 6 18 96 | vilmexkursion.de | 🕮 K6–7*

7 GARZ

9 km von Putbus, 15 Min. Autofahrt

Mit seinem Kopfsteinpflaster und der *St.-Petri-Kirche* samt ihrem würfelartigen Turm ist Garz ein richtig gemütliches Dörfchen (obwohl der Ort bürokratisch gesehen Rügens kleinste Stadt ist). Nur ein paar Schritte von der Kirche entfernt steht das *Ernst-Moritz-Arndt-Museum (Mai–Okt. Di–Sa 10–16, Nov.–April Mo–Fr 11–15 Uhr | An den Anlagen 1 | stadt-garz-ruegen.de/ema-museum | ⏲ 1–2 Std.)*. Spannend, gerade weil Arndt so umstritten ist: Der scharfsinnige Denker sammelte rügensche Märchen und unterrichtete als Professor, kämpfte als Nationalist gegen Napoleons Besatzung, war aber auch Rassist und Antisemit.

Gleich gegenüber vom Museum wartet ein großzügiger *Park*, der vor 1000 Jahren noch ein slawischer Burgwall war. Ein Stück außerhalb

Im Nautilus bekommen auch die Augen (Seefahrer-)Nahrung

Hat ein ruhiges Händchen: Roswitha Burgmann in ihrer Gingster Töpferwerkstatt

liegt das *Biogut Rosengarten (tgl. | Rosengarten 9a | Tel. 038304 82 81 84 | gutrosengarten.de | €)* mit Hofladen ganz verwunschen zwischen Ruinen eines alten Herrenhauses und einem See. Überall blühen Blumen und im Hofcafé gibt es selbst gebackenen Blechkuchen. *H–J7*

8 ZUDAR

15 km von Putbus, 30 Min. Autofahrt

Auf der Suche nach Hühnergöttern, Bernstein, Donnerkeilen? Dann Augen auf: Am südlichsten Steinstrand von Rügen stehen die Chancen gut, fündig zu werden! Wandere bis zum *Palmer Ort*, der Südspitze Rügens und damit dem einsamen Gegenstück zum oft überlaufenen Kap Arkona. Vom Parkplatz Zicker aus führt eine knapp 10 km lange Rundwanderung über die geschützte Halbinsel und am Strand der Schoritzer Wiek entlang. Übrigens: Die *St. Laurentius-Kirche* auf Zudar war im Mittelalter Ziel von Pilgern. Zweimal Zudar und alle Sünden waren vergeben. *H–J8*

GINGST

(H4) **Eine kleine Töpferei, feinste Regionalwaren und der liebevoll restaurierte Buchladen: Rund um den Markt könnte Gingst, der Hauptort (1300 Ew.) von West-Rügen, der bis heute als Handwerkerstadt der Insel gilt, glatt als Freilichtmuseum durchgehen.**

Der *Pfarrgarten* verströmt einen angenehm verwilderten Charme und die Backsteinkirche *St. Jacobi* aus dem 14. Jh. mit ihrem auffälligen Turm ist eine der schönsten der ganzen Insel. Drinnen ist einfach alles voller Pracht: die goldene Kanzel, der protzige Hauptaltar und die barocke Orgel, auf der immer mal wieder Konzerte gegeben werden. Hingehen, wenn sich die Chance bietet!

SIGHTSEEING

HISTORISCHE HANDWERKERSTUBEN

Wie hat eigentlich ein mittelalterlicher Schuster gearbeitet? Was machte ein Böttcher und warum waren gerade die Damastweber von Gingst so berühmt? Antworten auf all diese Fragen bekommt man in den Historischen Handwerkerstuben *(tgl. 10–17 Uhr | Karl-Marx-Str. 19 | ⏲ 30 Min.)*, dort sind die Arbeitsplätze der einstigen Stars von Gingst historisch exakt nachgebaut.

Im Hof findet immer samstags ein *Grüner Markt (Sa 10–16 Uhr)* mit Biowaren aus der Region statt. An lauschigen Sommerabenden kommt außerdem halb Gingst, um den Konzerten im Hof zu lauschen. Organisiert werden die Veranstaltungen vom *Museumscafé (Do–Di 12–17 Uhr | museums cafe-gingst.de)*, einer restaurierten alten Scheune, in der man mit hausgemachtem Blechkuchen und Kaffee verwöhnt wird.

RÜGENPARK

Dieser Vergnügungspark ist so sehr wie früher, dass er schon wieder retroschick ist. Rügen und gut 100 Bauwerke aus aller Welt im Miniaturformat erwarten euch, dazu Parkbahn Emma, Riesenrutsche und Schiffsschaukel. Für Kinder ein Spaß, für Eltern pure Nostalgie. *April–Juni Di–So 10–18, Juli/Aug. tgl. 10–19, Sept./Okt. Di–So 10–17 Uhr | Mühlenstr. 22b | ruegen park.de | ⏲ 1 Std.*

ESSEN & TRINKEN

ALTE POST

Knusprige Flammkuchen in allen Varianten und dazu eine große Auswahl Wein (auf Rügen eher ungewöhnlich) – zu genießen auch im gemütlichen Hinterhof des alten Posthauses. *Mo–Sa | Markt 14 | Tel. 038305 53 98 37 | altepost-ruegen.de | €€*

ALTE SCHULE GAGERN

Was es aktuell zu essen gibt, steht auf einer Holztafel, die euch die Besitzerin an den Tisch bringt. Regional, pfiffig und lecker ist alles. In der Saison unbedingt reservieren! Gagern ist 5 km von Gingst entfernt – Richtung Bergen halten und am Hinweisschild links abbiegen. Es lohnt sich. *Tgl. 17–21.30 Uhr | Schulstr. 1 | Kluis-Gagern | Tel. 038305 3 66 | Facebook | €€*

SHOPPEN

Am Markt führen Lothar und Roswitha Burgmann-Seewald ihren gemütlichen *Bioladen (toepferei-regionalwa ren.de)*, in dem die Töpferin auch ihre feine Keramik verkauft: mal schlicht, mal bunt, aber immer schön. Noch mehr Töpferwaren kannst du beim großen *Handwerkermarkt* im August bestaunen und kaufen.

SPORT & SPASS

WANDERREITEN AUF RÜGEN

Einfach rauf aufs Pferd und ab in die Natur: Auch ungeübte und kleine Kinder können mit Steffen Waak und seinem Team ausreiten; maßgeschneiderte Touren auf Anfrage. *Feldstr. 2 | Zirmoisel | Tel. 0160 90 31 12 54 | wanderreiten-auf-ruegen.de*

AUSGEHEN & FEIERN

In der *Kunstscheune Vaschvitz (14 km von Gingst, 15 Min. Autofahrt | gleich vor der Wittower Fähre | vaschvitz.de | Karten über der-buchladen-ruegen.de, Tel. 038305 53 59 16)* werden regelmäßig Konzerte gegeben. Außerdem lesen in der herrlich renovierten Scheune mit eigenem Boddenstrand bekannte Autoren aus ihren Büchern.

INSIDER-TIPP
Bestseller am Bodden

RUND UM GINGST

9 NEUENKIRCHEN

12 km von Gingst, 20 Min. Autofahrt

Bodden links, Bodden rechts und auf dem Hügel darüber eine *Backsteinkirche* von 1318: Damals war sie noch neu, daher der Name des verträumten Dörfchens. Hier ist Rügen beinahe zu Ende und (fast) alles noch wie früher. Im *Krämerladen (Dorfstr. 26)* von Herrn Bunge gibt es ab 8 Uhr frische Brötchen und die Ostsee-Zeitung. Im Wirtshaus *Neuenkirchen (Di–So | Tel. 038309 7 03 60 | wirtshausneuenkirchen.com | €€)* serviert die nette Familie Schutsch abends den Fisch, den der Boddenfischer kurz vorher gefangen hat.

Weiter nach Norden fährst du am 44 m hohen *Hoch Hilgor* vorbei, darauf steht der frisch renovierte *Grümbke-Turm* – von oben kannst du über die halbe Insel schauen! Durch den dichten Wald zum Bodden wandern geht auch. In *Vieregge* ist dann Schluss, vom Hafen (mit Café und Badestelle!) fährt nur noch die Fähre nach Hiddensee.

Am Ende einer Stichstraße steht das Bootshaus von *Grubnow,* vom Steg aus kann man dort prima ins tiefe Boddenwasser springen. *H3*

10 PANSEVITZ

5 km von Gingst, 10 Min. Autofahrt

Ein verwunschener Schlosspark mit Kanälen und Seen, ungezähmten Weiden, hölzernen Skulpturen und einer echten Liebesinsel. Mittendrin steht die *Schlossruine*, den Turm kann man über eine Wendeltreppe besteigen. Im Sommer wird der Park, der auch als Friedwald dient, zur Bühne: Dann spielt die *Hinterlandbühne Rügen (rotekugel.com)* auf. Die einzige Beleuchtung ist der Mond. Faust geht voran, du gehst hinterher. Und dann auf einmal Fackeln im Wald: Sind das wohl die Hexen? Einfach aufregend,

INSIDER-TIPP
Faust im Mondschein begegnen

dieser Theaterabend! So klappt's auch mit den Klassikern. *H4*

11 SCHAPRODE

16 km von Gingst, 20 Min. Autofahrt

Der Fährort ist mehr als nur ein großer Parkplatz, auch wenn Hunderte nur hierherkommen, um das Auto vor der Überfahrt nach Hiddensee abzustellen. Sei klüger als die meisten und schau auf jeden Fall in der *Backsteinkirche* mit ihrem hölzernen Turm vorbei: Der ist auch deshalb so auffällig, weil Schiffe seit 1668 nach ihm navigieren. Deshalb darf bis heute niemand vor Ort höher bauen.

Der flache Bodden vor Schaprode ist ideal, um endlich Surfen zu lernen. *Wikingsurf (Lange Str. 24 | Tel. 0176 81080753 | surfen-auf-ruegen.com)* bietet die passende Ausrüstung zum Mieten und auch Kurse. Außerdem kannst du dir hier auch Segeln beibringen lassen.

Schillings Gasthof (tgl. | Hafenweg 45 | Tel. 038309 12 16 | schillings-gasthof.de | €€) ist eines der gemütlichsten Gasthäuser (mit Hofladen) der ganzen Insel. Es gibt Hiddenseer Fisch und selbst gezüchtetes Biorind und -lamm: Wenn du im Hafen stehst, kannst du dein künftiges Abendessen muhen und mähen hören, es grast jenseits des Hafenbeckens auf der Insel Öhe. Danach fehlt nur noch eins: Ein paar Kugeln von der *Eismanufaktur Eishafen (tgl. ab 12 Uhr | Lange Str. 40)*. Grieß-Kirsche, Mirabelle oder Mascarpone-Blaubeere: Wer kann da schon widerstehen? *G3*

INSIDER-TIPP
Eine Muh, eine Mäh

UMMANZ

(F–G 4–5) **Schnell das Auto abstellen – zu Fuß, auf Pferd oder Fahrrad und selbst auf dem Surfbrett kannst du Rügens kleine Schwester, wie ★ Ummanz auch genannt wird, am besten erkunden!**

Die meisten Ecken teilst du dir nur mit den Kranichen, die im Frühjahr und Herbst zu Tausenden auf dem flachen Inselchen (270 Ew. auf 20 km^2) rasten. Ranger bieten zu dieser Zeit geführte Kranichwanderungen an *(Anmeldung*

Warum Schaprode? Na, wegen solcher Schlemmerteller in Schillings Gasthof

Trau dich! Vor Ummanz ist Kitesurfen auch was für absolute Beginner

bei der Ummanz-Information: Tel. 038305 53481 | ruegeninsel-ummanz.de). Einer der schönsten Radwege führt den Deich an der Westküste entlang. Von dort sieht man nicht nur Hiddensee, sondern auch die Wassersportler, die das seichte, warme Wasser anzieht: Kajakfahren? Stand-up-Paddeln? Kitesurfen? Geht hier alles.

SIGHTSEEING

DORFKIRCHE WAASE

Ganz schön viel Altar für so eine kleine Kirche – und viel Kirche für so ein kleines Dorf! Der Schnitzaltar kommt aus Antwerpen und wurde im 18. Jh. vom Heilgeistkloster in Stralsund hierhergebracht. Dem Kloster gehörte damals die Insel, ein Stück des Reichtums blieb. *Am Focker Strom | Waase |* *G4*

ESSEN & TRINKEN

KUTTERSCHNUTE

In der alten Pfarrscheune mit Blick auf den Strom bekommst du Fischbrötchen und Soljanka, Wildwürstchen und Kartoffelsalat – alles aus eigener Produktion. Sonntags Brunch! *Di–So | Am Focker Strom 2 | Waase | Tel. 038305 565620 | kutterschnute.de*

ZUCKERKUSS

Hausgemachte Torten, Kuchen und Quiches im Garten mit Boddenblick. Ein kleines Paradies zum Abschalten. *Mai–Okt. Di–So 12–17 Uhr | Dorfstr. 11 | Wusse | Tel. 038305 537116*

SHOPPEN

Im Atelier von *Ummanz Keramik (April–Nov. Mo–Fr 9–16.30 Uhr | Pappelweg 1 | Wusse)* darf man auch mal

selber die Töpferscheibe drehen – oder einfach erstehen, was Susan Schmorell getöpfert hat.
Nach einem Spaziergang bei steifer Brise gibt's zum Wärmen von innen eigentlich nur eins: einen Obstbrand der *Ersten Edeldestillerie auf Rügen (Lieschow 18 | Ummanz | 1ste-edeldestillerie.de)*.

SPORT & SPASS

Ummai (Haide 19 | Suhrendorf | ruegen-surfhostel.de): So klingt Ummanz gekreuzt mit Hawaii, und hier herrschen wirklich Aloha-Vibes! Ins beste Wind- und Kitesurfrevier der Insel können sich selbst Anfänger wagen, denn Wind weht immer und das Wasser ist nur knietief. Aber das ist noch nicht alles: SUP-Yoga auf dem Wasser gibt es nur hier – für erfahrene Yogis und Anfänger geeignet *(Infos Tel. 038305 82240 | supyoga@gmx.de)*. Probier dich danach doch auch noch im Bogenschießen aus.

INSIDER-TIPP
Yoga ahoi!

Vom *Rügen-Ferienhof (Lieschow 26a/b | Tel. 038305 533780 | ruegen-ferienhof.de)* im nahen Lieschow aus kannst du mit deinen Kindern über Ummanz reiten, vom Pony bis zum Pferd ist alles vorhanden.
Welche Pflanzen man zum Smoothie machen oder in ein hausgemachtes Kräutersalz geben kann und wie man eine Kräutersalbe herstellt, das verrät Gabi Wieczorek in ihrem Kräutergarten und bei Wanderungen auf Ummanz *(Infos und Anmeldung per E-Mail: krautundmehr@gmx.de | kraeuterhof-ruegen.de)*.

BAUER KLIEWE UND BAUER LANGE

Beide Höfe liegen nicht weit auseinander, aber beide Bauern (Lange pflanzt Mais, Kliewe züchtet Geflügel) hatten wohl dieselbe Idee: aus ihren Höfen Erlebnishöfe zu machen. Bauer Lange schlägt dazu ein Labyrinth in den Mais, Bauer Kliewe lässt Ponyreiten. Bei Kliewe könnt ihr Bauernhofurlaub machen, bei Lange grillen und Dumper fahren – eine Art Minitraktor. Auf beiden Höfen dürfen Kinder Tiere streicheln, Kuchen essen, Spaß haben. Welcher besser ist? Frag die Kids! *Erlebnisbauernhof Kliewe (Mursewiek 1 | Ummanz | bauernhof-kliewe.de); Bauer Lange (Hof Nr. 37 | Lieschow | bauerlange.de)* | *G5*

SCHÖNER SCHLAFEN AM BODDEN UND IM BINNENLAND

IM HEU

So günstig (und so urig) wie im *Heu-Ferienhof (Putbus | Altkamp | Dorfstr. 1 | Tel. 038301 889912 | heuferienhof-ruegen.de | 30 Boxen mit Heuschlafplätzen für je 4–6 Personen | €)* übernachtet ihr nirgends. Schlafsack nicht vergessen!

AUF DEM WASSER

Übernachten auf dem Wasser geht in den Pfahlbauten und schwimmenden Ferienhäusern der *Im Jaich Wasserferienwelt (Lauterbach | Am Yachthafen 1 | Tel. 038301 80910 | im-jaich.de | 24 Zi. | €€€)*. Das Plätschern der Brandung sorgt für eine selige Nachtruhe.

HIDDENSEE

FREI UND UNVERFÄLSCHT

Das Schiff legt an, du gehst von Bord – und da ist sie, die Leichtigkeit. Vielleicht zieht Hiddensee deshalb so viele Künstler an? Ein Urlaub auf der Insel ist ein Urlaub in der guten alten Zeit. Autos haben hier nur Lieferdienst und Polizei. Außer dem Inselbus gibt es die Wahl zwischen laufen, Rad fahren oder der Pferdekutsche. Ursprünglich sind auch die Attraktionen: der feine Ostseestrand, der weiß wie in der Südsee leuchtet; die Natur, wild und unberührt. 72 m ragt der Bakenberg mit seinem Leuchtturm obendrauf im Norden auf.

Hach, dieser Weitblick! Zu haben beim Leuchtturm auf dem Dornbusch

Von da aus geht's bergab über die Dünenheide bis zum Gellen ganz im Süden. Die Maße: Knapp 17 km lang ist Hiddensee, breiter als 3,7 km nirgends. Auch die Anreise mit dem Schiff (ab Breege, Dranske, Schaprode, Stralsund, Wiek und Vieregge bei Neuenkirchen) ist wie früher. Ab Schaprode kann man auch das kaum teurere Inseltaxi nehmen. Und am besten über Nacht bleiben! Ihren ganzen Charme verströmt die von den rund 1000 Bewohnern „söte Länneken" (süßes Ländchen) genannte Insel erst, wenn die Tagesgäste abgedampft sind.

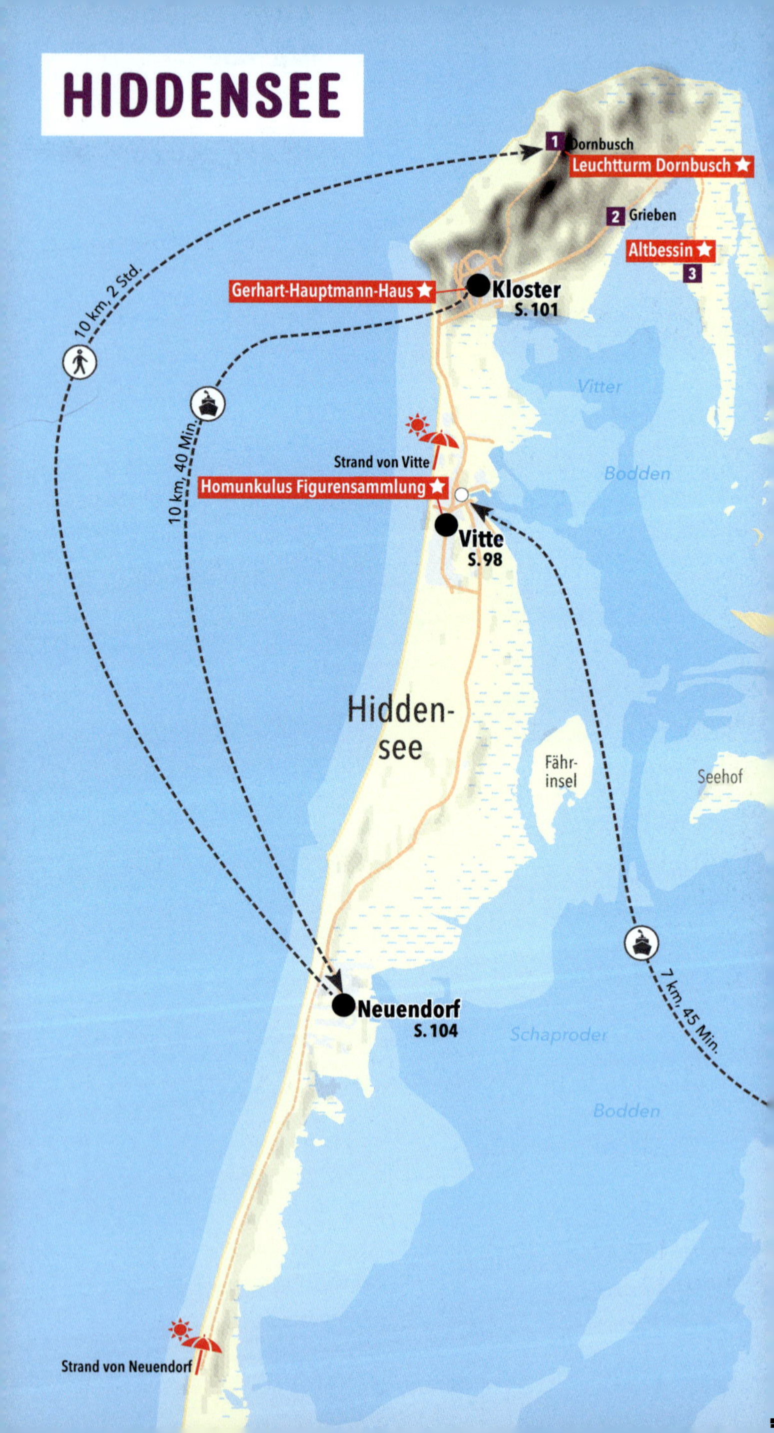
HIDDENSEE
1 Dornbusch
Leuchtturm Dornbusch
2 Grieben
Altbessin
3
Gerhart-Hauptmann-Haus
Kloster
S. 101
10 km, 2 Std.
10 km, 40 Min.
Vitter
Bodden
Strand von Vitte
Homunkulus Figurensammlung
Vitte
S. 98
Hidden-
see
Fähr-
insel
Seehof
Neuendorf
S. 104
Schaproder
Bodden
7 km, 45 Min.
Strand von Neuendorf

MARCO POLO HIGHLIGHTS

★ **HOMUNKULUS FIGURENSAMMLUNG**
Hier tanzen alle Puppen in einer fantastischen Ausstellung ➤ S. 98

★ **GERHART-HAUPTMANN-HAUS**
Im Schreibzimmer des Literaturnobelpreisträgers auf dessen Notizen spicken ➤ S. 102

★ **LEUCHTTURM DORNBUSCH**
Ganz nach oben steigen und dann (bis zum anderen Ende der Insel) runtergucken ➤ S. 103

★ **ALTBESSIN**
Dort wandern, wo Hiddensee am einsamsten ist ➤ S. 104

VITTE

(📖 F3) **In Vitte bist du mittenmang: Willst du zum langen, strahlend weißen Badestrand? Zu einem der alten Künstlerhäuser oder mit dem Rad nach Süden oder Norden?**

Die Laune entscheidet, von der „Inselhauptstadt" aus geht alles, auch als Tagestour. Nach Sonnenuntergang ist hier noch am längsten etwas los. Theater? Kino? Gibt es, und eine große Auswahl an Restaurants sowieso. Dagegen ganz leer ist die (als Naturschutzgebiet geschützte) Dünenheide südlich von Vitte mit ihren schmalen Sandpfaden. Romantisch wird es im September, dann blüht die Heide: ein Traum in Violett!

SIGHTSEEING

BLAUE SCHEUNE

Die blaue Scheune mit dem Reetdach ist tatsächlich tiefblau wie ein Bild von Yves Klein: Die Malerin Henni Lehmann hat sie 1920 so angemalt, traf sich hier mit anderen Malerinnen. Staunen ist erlaubt, aber meist nur von außen, denn das Haus ist bewohnt. Nur im Sommer werden manchmal die Türen geöffnet, Infos (auch über das Gebäude) gibt's im *Henni-Lehmann-Haus (Wiesenweg 2)* um die Ecke. *Norderende 162*

HOMUNKULUS FIGURENSAMMLUNG ★

Von außen ein schlichter Lärchenbau, drinnen eine bunte Wunderkammer: Zwischen Bühne und Kaffeebar darf man die Puppen der Seebühne Hiddensee bewundern. Ob badende Schöne, einbeiniger Pirat oder Entenfräulein, ob Charaktere aus Dickens-, Poe- oder Stevenson-Geschichten – jede Figur ist ein liebevoll geschnitztes Einzelstück.

Auf der Terrasse mit Blick auf den riesigen Spielplatz träumt man danach von eigenen Geschichten. *Tgl. 11–17 Uhr | Norderende 181 | homunkulus.de | ⏲ 1 Std.*

KARUSEL

Nein, da hat keiner ein S oder ein L vergessen: Asta Nielsen, eine Art Meryl Streep der Stummfilmära, war Dänin, daher die Schreibweise. In ihrem Sommerhaus war immer etwas los, vor allem wenn ihr Freund Joachim Ringelnatz vorbeischaute. Das achteckige, blau-weiß gestrichene Haus ist ein Blickfang. Drinnen wartet eine Ausstellung rund um Gebäude und Künstlerin. *Mai–Okt. Mo, Di, Do–Sa 11–15 Uhr | Zum Seglerhafen 7 | asta-nielsen-haus.de | ⏲ 45 Min.*

NATIONALPARKHAUS

Was wächst denn hier, was schützt man dort? Die Antworten auf alle solche Fragen geben die hiesigen Ranger. Auf einem Erlebnispfad kann man live und in Farbe bestaunen, was es in der Ausstellung zum Nationalpark zu lesen gab. *Mo–Sa März–Okt. 10–16, Nov.–Feb. 10–15 Uhr | Eintritt frei | auf halbem Weg zwischen Kloster und Vitte | nationalpark-vorpommersche-boddenlandschaft.de | ⏲ 30 Min.*

ESSEN & TRINKEN

HAFENKATER

Mit den Hiddenseer Kutterfischern haben Nicole und Mathias Schilling einen Deal: Sie bringen den Gastronomen die Ware frisch vom Boot, diese machen daraus bestes Essen. Das klingt super? Ist es auch, genauso wie das Ambiente – nordisch-schlicht mit viel Holz und einer großen Terrasse. *Di–So | Achtern Diek 24 | Tel. 038309 70 85 99 | hafenkater.de | €€*

Hotte und Hü warten schon – in Vitte von Bord gehen heißt Urlaub von Autos und Lärm

DAS ROTE HAUS

Skandinavisch mutet es an, das leuchtend rote Holzhaus mit Garten neben der Seebühne. Hier gibt es Steckrübensuppe oder Ostseesprotten, die Hauptsache ist, es kommt von hier. *Mai–Okt. Mo–Sa | Wallweg 2 | Tel. 038300 5 04 00 | €€*

SOMMERPALAST

Stöbern und schmausen: hausgemachte Eiscreme oder extrem leckere Torten und handgemachte Hiddensee-Souvenirs unter einem Dach. *Tgl. 10–18 Uhr | Norderende 156 | Tel. 038300 60 39 51 | dasrotehaushiddensee.de |* €

SHOPPEN

Im *Konservenladen (Wiesenweg 8 | hiddenseer-kutterfisch.de)* verkaufen die Kutterfischer das, was sie rund um die Insel gefangen und dann selbst eingemacht haben: Dicke Dosen mit Herings- und Bücklingsfilets, mit Dill oder Pfeffer, Tomate oder Öl – alle zum Reinsetzen. Ruhig ein paar Dosen extra kaufen, denn der Gewinn ermöglicht es den Fischern,

INSIDER-TIPP
Auf dicke Dose machen!

Traumfabrik: Puppentheater für Große macht die Seebühne Hiddensee

ihre Tradition zu wahren. Dafür haben sie sich zusammengeschlossen.
In der *Bernsteinwerkstatt Vitte (Kurs nach Anmeldung Mo–Fr 10–11 Uhr | Norderende 142 | Tel. 038300 60730 | bernsteinwerkstatt-vitte.de)* zeigt Profi Ingolf Engels, wie man eigene Funde selber schleift.

SPORT & SPASS

Mit Ringelnatz auf Hiddensee? Die Insel auf den Spuren von Kruso erforschen oder vor echten Inselkrimis erschaudern? Ute Fritsch *(kuenstlerinsel-hiddensee.de)* lässt auf ihren literarischen Spaziergängen Geschichten lebendig werden.
Fahrräder sind auf der autofreien Insel vor allem Verkehrsmittel, Verleihe gibt es in Vitte viele. Schau nicht nur auf den Preis, je nach Ziel muss das Rad auch Betonplattenstraßen und Feldwege bewältigen. Bei *Rad & Rikscha (Achtern Diek 29 | Tel. 0151 18112381 | rad-rikscha-hiddensee.de)* am Zeltkino kannst du auch E-Bikes und Rikscha-Fahrräder ausleihen – einer strampelt, zwei genießen auf dem Rücksitz unter dem Sonnendach. Perfekt für Familien!

INSIDER-TIPP
Einer für alle!

Im *Wassersportcenter Hiddensee (Norderende 163 | Tel. 038300 60525 | surfundsegelhiddensee.de)* kannst du alles zum Surfen, Segeln, Stand-up-Paddeln leihen oder auch einen Kurs buchen.

AUSGEHEN & FEIERN

In der *Seebühne Hiddensee (Wallweg 2 | Tel. 038300 60593 | theater.hiddenseebuehne.de)* lebt seit mehr als 20 Jahren eine uralte Hiddenseer

Tradition auf: Puppentheater – auch für Erwachsene! Das Team um Karl Huck hat schon „Moby Dick", den Faust und Shakespeare auf die Bühne gebracht. Für Karten einfach handschriftlich auf die Liste an der Tür einschreiben.

Gleich am Hafen zeigt das *Zeltkino (Norderende 162 | Programm unter zeltkino-hiddensee-aktuell.com)* mindestens zwei Filme am Tag.

KLOSTER

(📖 F2) **Die Zisterzienser hatten Geschmack: 1296 suchten sie sich diesen herrlichen Flecken zwischen Hochland, Bodden und Meer für ihr Kloster aus.**

Das Kloster ist weg, an seiner Stelle steht heute das Dorf, das *Kloster* heißt – Kloster ohne Kloster also, aber immer noch herrlich. Vom Hafen aus stechen vor Sonnenaufgang die Fischer in See und Maler nutzen den frühen Morgen, um die stille Szenerie festzuhalten. Je höher die Sonne steigt, desto mehr Radfahrer und Wanderer kommen vorbei und machen sich auf ins Hochland. Warst du schon auf dem Dornbusch? Los geht's! Am Nachmittag werden am Hafen vom Schiff weg leckere Fischbrötchen verkauft.

SIGHTSEEING

HEIMATMUSEUM HIDDENSEE

Was blüht denn da am Wegesrand? Im Heimatmuseum findest du's (an täglich frisch gepflückten Blumen)

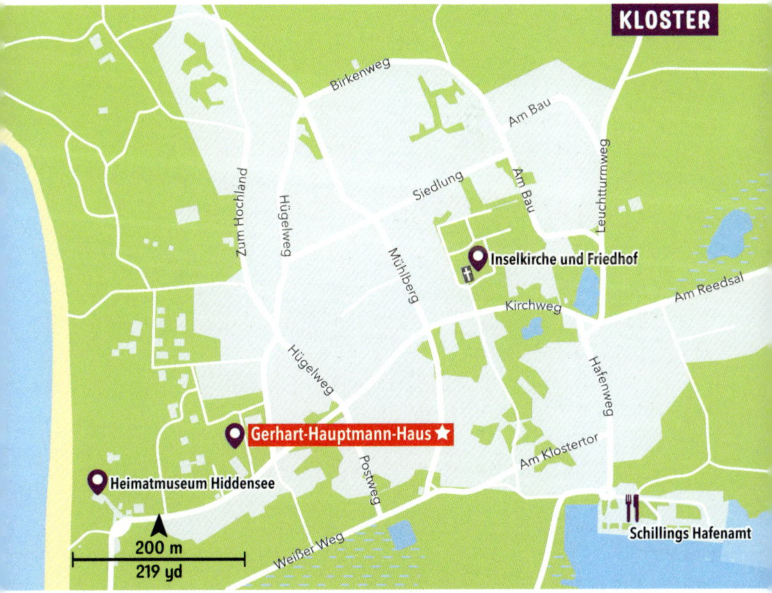

heraus. Hier siehst du außerdem den Bernstein, den du an den Stränden vergeblich gesucht hast, und einen ebenfalls am Strand gefundenen Wikinger-Goldschatz – viel Blingbling, auch wenn es sich nur um eine Kopie handelt. *Mai–Okt. Mo–Sa 10–15, Nov.–April Do–Sa 11–15 Uhr | Kirchweg 1 | heimatmuseum-hiddensee.de | ⏲ 45 Min.*

GERHART-HAUPTMANN-HAUS ★ ☂

Nachmittags dichten, abends feiern und morgens früh an den Strand: So lebte Gerhart Hauptmann, der für seine Theaterstücke („Die Weber") 1912 den Nobelpreis bekam. In seinem Schreibzimmer im ehemaligen „Haus Seedorn" hängen bis heute seine Notizen. Vielleicht ist eine große Idee dabei, die du abkupfern kannst? Kaffee gibt's auch, und regelmäßig Konzerte und Lesungen. *Mai–Okt. tgl. 11–17, Jan.–April Di–Sa 11–15 Uhr | Kirchweg 13 | Tel. 038300 397 | hauptmannhaus.de | ⏲ 1 Std.*

INSELKIRCHE UND FRIEDHOF

Schau in Hiddensees ältestem Gebäude gleich nach oben: Die zarten goldenen Rosen an der türkisfarbenen, tonnenförmig gewölbten Decke der *Inselkirche* hat Max Nikolaus Niemeier gemalt, unter ihr schwebt ein prächtiger Taufengel. Viel schlichter kommt der *Friedhof* daher: Ein Findling steht auf dem Grab mit Gerhart Hauptmanns Namen. Auf vielen anderen Gräbern sind dagegen keine Namen, nur rätselhafte Zeichen zu sehen: die Hausmarken. Jede Familie auf Hiddensee hatte

INSIDER-TIPP
Geheimnisvolle Gräber

Ein Rosenregen an der Decke: Die Inselkirche ist alt, aber kein bisschen düster

eine, achte an alten Häusern darauf! *Kirchweg 42 | kirche-hiddensee.de*

ESSEN & TRINKEN

SCHILLINGS HAFENAMT

Auch in Kloster hat der umtriebige Wirt Mathias Schilling eine Gastwirtschaft. Zum Glück! Im umgebauten Hafenamt werden Kaffee, Kuchen, Burger und Fisch serviert – alles regional von hier und top zubereitet. Von der Terrasse aus schaut man den Fischern zu, die schon zum nächsten Fang auslaufen. *Tgl. 12–21.30 Uhr | Hafenweg 11 | schillings-hafenamt.de | €€*

SHOPPEN

In der *Galerie am Hügel (Hügelweg 8 | Tel. 0157 73 36 68 76 | utelaux.de)* gibt es Kunst (nicht nur) von der Insel. Außerdem ein Hit bei grauem Himmel: die *Kunstkurse (Mi Malen, Fr Radierungen),* auch für Kids. Leckermäuler aufgepasst: Der Zuckerkuchen aus der *Bäckerei Kasten (Kirchweg 27)* ist genial! Im Kirchweg befinden sich auch sonst die meisten Geschäfte.

SPORT & SPASS

Die Pferde vom *Fuhrmannshof Neubauer (Hafenweg 6 | Tel. 0171 1892807 | hiddensee-kutschfahrten.de)* ziehen nicht nur Kutschen, sondern freuen sich auch auf Inselausritte: Anfänger können in Begleitung eine Stunde lang über Hiddensee traben, für erfahrene Reiter sind längere Touren von bis zu drei Stunden drin *(Anmeldung ab 18 Uhr unter Tel. 0171 7 15 38 09).*

RUND UM KLOSTER

1 DORNBUSCH

2 km von Kloster, 40 Min. zu Fuß

Zwischen Ginster, Sanddorn und Heckenrosen führt der Weg nach oben, an Wiesen und Wäldchen entlang, und dann wirst du am *Inselblick* zum ersten Mal belohnt, mit einer Aussicht über Hiddensee in seiner ganzen Pracht. Selfie-Zeit: Hier wurde (neben Holzskulpturen zum Thema Wetter) ein riesiger Bilderrahmen aufgestellt, rahm dich ein! Der ★ *Leuchtturm Dornbusch (April Di–Sa, Mai–Okt. tgl. 10.30–16 Uhr)* steht auf 72 m – noch 102 Treppen nach oben und du siehst bei gutem Wetter bis nach Dänemark! Achtung, nur 15 Besucher dürfen gleichzeitig hoch, bei Sturm niemand. Auf dem Hochuferweg geht's oben an der Steilküste entlang, gerade im Sommer herrlich schattig. Manche alte Bäume sehen aus, als würden sie gleich nach einem schnappen: gruselig! Auch deshalb heißt ein Teil der Gegend Hexenberg. *F2*

2 GRIEBEN

2 km von Kloster, 25 Min. zu Fuß

Der älteste Ort Hiddensees: Niedrige, reetgedeckte Häuschen stehen die einzige Straße entlang. Es gibt einen Laden, mehr nicht. So sah die Insel aus, als die ersten Urlauber sie Ende des 19. Jhs. besuchten. Schön! Nur ein paar Schritte entfernt: der Enddorn, die nördliche Spitze Hiddensees mit dem urigen *Gasthaus Zum*

Reingehen und schlauer rauskommen: Lütt Partie erzählt vom Alltag der Ostseefischer

Enddorn (tgl. | Dorfstr. 8 | Tel. 038300 6 08 33 | €), das riesige Portionen (Hering! Scholle! Fleisch!) auftischt. *F2*

3 ALTBESSIN ★

3 km von Kloster, 45 Min. zu Fuß

3 km ist die westliche Hälfte der Halbinsel lang (die östliche, Neubessin, ist für Besucher gesperrt), und jedes Jahr kommt ein bisschen dazu. Die Strömung landet an, was Sturm und Wellen an der Steilküste wegspülen. Wie Hiddensee neu entsteht, das sieht man auf einer Wanderung durch diese einsame Ecke ebenso wie viele seltene Tier- und Vogelarten (Fernglas mitnehmen!). Im Nationalparkzentrum Vitte nach Führungen von erfahrenen Rangern fragen, um bloß nichts zu übersehen! Besonders weit ist der Ausblick vom *Beobachtungsturm* am Ende des Altbessins. *F2*

INSIDER-TIPP
Profi-Seher sehen mehr

NEUENDORF

(F3) **Willkommen bei den Südern: So heißen die, die südlich der Dünenheide wohnen. Vom Vittener „Trubel" ist Neuendorf weit weg.** Tatsächlich, hier ist es noch (!) ruhiger als sonst schon auf Hiddensee. Die Häuser stehen über die Wiese verstreut, ohne Zäune oder Hecken. Weiter südlich kommt nur noch die Landzunge Gellen – bis zum Leuchtfeuer darf man wandern, kurz dahinter ist Naturschutzgebiet.

SIGHTSEEING

GROOT PARTIE

Früher lagerten in dem alten Schuppen Reusen, heute erfährt man einiges über Fische und Fischer und kann auch lernen, wie man Netze knüpft oder Fi-

scherknoten bindet. Nachmittags ist der Schuppen oft in Kinderhand: beim Kinderbacken, der Kinderknotenschule oder bei Lesungen speziell für die Kleinen. Abends wird Kultur gemacht, Programm auf der Website. *Mo–Sa 12–16 Uhr | Königsbarg 8 | Tel. 038300 6 42 29 | short.travel/rue3*

LÜTT PARTIE

Du ahnst, wie hart das Fischerleben auf Hiddensee war und ist, nachdem du in diesem Fischereimuseum warst. *Geöffnet nur zu Führungen auf Anfrage an marketing@seebad-hiddensee.de | Pluderbarg 7 | short.travel/rue4 |* ⏲ *30 Min.*

ESSEN & TRINKEN

STRANDDISTEL

Frischen Fisch und Hiddenseer Pils, selbst gebackene Sanddorntorte und Eis, und das alles gibt's auf der Terrasse mit Sonnenuntergangsblick – besser als Fernsehen! *Juni–Sept. Sa–Do, Okt.–Mai Mi–Mo | Plogshagen 15 | Tel. 038300 3 93 | €*

SPORT & SPASS

Du angelst gern? Ralf Siebler von *Ostseeangeln Hiddensee (Schabernack 15 | Tel. 0172 3 97 71 79 | ostseeangeln-hiddensee.de)* auch, er bietet Touren auf Bodden und Ostsee an.

STRÄNDE

Südlich von Neuendorf (Richtung Gellen) liegt der vielleicht schönste Ostseestrand von Hiddensee, der einsamste auf jeden Fall.

SCHÖNER SCHLAFEN AUF HIDDENSEE

EINSCHLAFHILFE WELLENRADIO

Das legendäre Hotel *Zum Klausner (mit Restaurant | Kloster | Im Dornbuschwald 1 | Tel. 038300 66 10 | klausner-hiddensee.de | 15 Zi. | €)* im Dornbuschwald wurde zuletzt in Lutz Seilers Roman „Kruso" unsterblich gemacht. Nicht nur die Lage zwischen Wald und Strand – eine Treppe führt die Steilküste hinab – ist einmalig, auch die einsamen „Häuser", die außer den Zimmern vermietet werden. Tipp: Am besten nach dem Haus Klaus fragen, wo man beim Einschlafen die Wellen rauschen hört.

STRALSUND

EIN TRAUM IN BACKSTEINROT

(📖 E–F 6–7) **Diese Altstadt! Nach einem Gang durch die Gassen erwartet man eigentlich eine Hansekogge im Hafenbecken, den Schuss einer Muskete, Kutschen auf dem Kopfsteinpflaster.** Stattdessen warten hippe Lokale, das modernistische Ozeaneum und die elegant gespannte, gerade einmal 15 Jahre alte Rügenbrücke. In Stralsund trifft Mittelalter auf Moderne. 57 300 Menschen leben hier, auf jeweils rund 100 von ihnen kommt ein Baudenkmal. Ein Zeitreisender aus der Blütezeit der Hanse würde wohl kaum einen Unter-

Marienkirche: 366 Stufen in den Ausblickshimmel

schied bemerken: Die Altstadtinsel, eingerahmt von Strelasund, Knieper- und Frankenteich, ist heute fast wieder so prächtig wie im 14. Jh. Erkunde die engen, krummen Gassen und lauf über das Katzenkopfpflaster vorbei an Häusern, in denen sich viele kleine Handwerksläden, Werkstätten und Cafés eingerichtet haben. Trotz der Pracht ist Stralsund kein Museum, sondern bis heute eine Arbeiterstadt. Und zugleich sprießt Neues: Hier ein Start-up, dort ein Kunstwerk, da drüben eine neue Werkstatt. Stralsund hat Vergangenheit – vor allem aber Zukunft.

STRALSUND
Theater Vorpommern
Seestraße
Knieperwall
Knieperstraße
Mönchstraße
Alter Markt
3
Alter
Weder
teich
Friedrich-Engels-Straße
Mühlenstraße
Café Hühnergott
4 Fallada-Haus
Torschließerhaus
Heilgeiststraße
Küterdamm
Böttcherstraße
5 Stralsund-Museum
6 Deutsches Meeresmuseum
Apollonienmarkt
Knieper-
Katharinenberg
Langenstraße
7 Spielkarten-Fabrik
Neuer Markt
Frankenstraße
Tribseer Straße
Marienkirche 8
Frankenwall
Marienstraße
Bleistraße
Triebseer Damm
Busbahnhof
100 m
109 yd
Karl-Marx-Straße

MARCO POLO HIGHLIGHTS

★ **OZEANEUM**
Ostsee, Nordsee und Atlantik unter einem Dach: aufregend wie ein Tauchgang, nur trockener ➤ S. 110

★ **ALTER MARKT**
Herz der backsteingotischen Altstadt mit Rathaus und Nikolaikirche, geschützt als Weltkulturerbe ➤ S. 110

WOHIN ZUERST?

Parke außerhalb der Altstadt (Parkleitsystem) und starte deinen Stadtrundgang am **Alten Markt**: Rathaus, Nikolaikirche und mittelalterliche Bürgerhäuser sorgen für das erste Wow des Tages. Von dort aus folgst du der Mühlenstraße, wo sich viele kleine Läden angesiedelt haben. Die Mönchstraße hinunter geht es bis zum Katharinenkloster mit **Stralsund-** und **Meeresmuseum**. Nur ein paar Schritte weiter: der **Neue Markt** mit seinen Cafés und der **Marienkirche**.

SIGHTSEEING

1 OZEANEUM ★

So muss es sich anfühlen, ein paar Tausend Meter unter dem Meer zu stehen: Rochen, Haie und Schwärme von Makrelen oder Heringen schwimmen genau vor deiner Nase entlang. 50 m² ist die Panoramascheibe des Rundbeckens „Offener Atlantik" groß, das schafft kein Plasmabildschirm. Und die (kleineren) Becken der Tierwelt in Ost- und Nordsee sind kein bisschen weniger beeindruckend! Vergiss nicht die Dachterrasse, auf der Humboldt-Pinguine zu Hause sind. Ob mit oder ohne Kinder (für die es eine eigene Erlebniswelt gibt): Ein halber oder auch ganzer Tag ist in diesem preisgekrönten Museum ganz schnell um. *Tgl. Juli/Aug. 9.30–20, Sept.–Juni 9.30–18 Uhr | Tickets am besten vorab online buchen | Hafenstr. 11 | ozeaneum.de | mind. 3 Std.*

2 GORCH FOCK

Am Steuer, in der Kapitänskajüte oder im Kartenraum des 85 Jahre alten Dreimasters, den ein Verein gegen alle Widerstände wieder flottmachen will, kannst du dich auf eigene Faust oder mit einem kundigen Führer umsehen. Eine Ausstellung erzählt die wechselhafte Geschichte des alten Segelschulschiffs (Heimathafen des aktuellen ist Kiel), das die Rote Armee nach dem Zweiten Weltkrieg zunächst als Reparationsleistung kassierte. *Tgl. 10–18, Mitte Okt.–Mitte März 10–16 Uhr | An der Fährbrücke | gorchfock1.de | 45 Min.*

3 ALTER MARKT ★

Diese Stadt war reich! Den Bürgerhäusern im Herzen der backsteingotischen Altstadt sieht man das bis heute an. Das vielleicht schönste ist das *Wulflamhaus (Alter Markt 5)*. Und dann erst das *Rathaus*: Die Schaufassade von 1370 sollte einfach nur schön sein und die Größe der Stadt in die Welt hinausposaunen. Praktischer Nutzen? Fehlanzeige. Das war damals unerhört, aber die Schönheit hält bis heute. Unbedingt durchlaufen, man darf das Rathaus auch von innen bestaunen! Gleich nebenan steht die *Nikolaikirche (Eingang Badenstr. | nikolai-stralsund.de)* mit einem 5 m hohen Kruzifix über dem Hochaltar (einst hatte die Kirche 56 Altäre!) und einer astronomischen Uhr aus dem Jahr 1394. Auch Stralsunds Kirchenfürsten ließen sich eben nicht lumpen.

4 FALLADA-HAUS

Spätestens seit 2016 „Jeder stirbt für sich allein" mit Emma Thompson in die Kinos kam, sind der lange vergessene

Hans Fallada und seine Neue Sachlichkeit wieder in: Seine Bücher werden neu gedruckt und hunderttausendfach verkauft. Über seine Erfahrungen in Stralsund 1921 schrieb Fallada den „Jungherrn von Strammin". An seinem alten Wohnhaus erinnert eine Plakette an den Schriftsteller. Unter ihm wummerte damals die Druckerei der „Stralsundischen Zeitung". *Mönchstr. 12*

5 STRALSUND-MUSEUM

Rauben, brandschatzen, Met saufen – dafür sind die Wikinger berühmt. Doch die nordischen Krieger hatten auch eine andere Seite: Das zeigt der Goldschatz, der in den 1870er-Jahren auf Hiddensee geborgen wurde. Die Fundstücke im gotischen Gewölbe des Stadtmuseums sind erstaunlich filigran und bergen lauter ungelöste Geheimnisse. Das Katharinenkloster, Teil des Museums, wird noch bis 2024 renoviert. Dann lässt sich wieder die restaurierte Backsteingotik bewundern und der verwilderte Klostergarten genießen. Wie ein mittelalterliches Krämerhaus von innen aussah, kannst du im restaurierten, nahen *Museumshaus (Mönchstr. 38)* sehen. *Museumshaus Di–So 10–17 Uhr | Mönchstr. 25–28 | stralsund-museum.de | mind. 1 Std.*

6 DEUTSCHES MEERESMUSEUM

An der Decke des Katharinenklosters schwebt ein Wal. Moment, ein Wal? Tatsächlich: ein Finnwal-Skelett, 15 m lang und perfekt in die historische Umgebung eingepasst. Die Haie, Meeresschildkröten, Mittelmeer- und Tropenfische in den Aquarien leben dagegen – und schwimmen schillernd um die Wette. Das Meeresmuseum ist nicht so bombastisch wie das Ozeaneum, aber vielseitig und liebevoll gestaltet. *Wiedereröffnung nach Modernisierung Frühjahr 2024, Öffnungszeiten s. Website | Katharinenberg 14–20 | meeresmuseum.de | 2–3 Std.*

Ein Schiff in Rente: Die Gorch Fock ankert mit Blick aufs Ozeaneum

7 SPIELKARTEN-FABRIK

Ein Mix aus Werkstatt und Museum: Die „Spiefa" erinnert an die vor mehr als 250 Jahren begründete Stralsunder Spielkartenfabrik. In der riesigen Backsteinhalle stehen überall Druckmaschinen. Schmuckstück: eine Linotype, in der die Bleibuchstaben automatisch in den Setzkasten fallen. Die Drucker und Künstler, die an den Maschinen arbeiten, erklären gern, wie's funktioniert. Du möchtest selbst ran?

XXL-Nasszelle Hansedom

INSIDER-TIPP
Druck machen

Dann buch einen der vielen Druckkurse (Holzdruck, Typografie, Lithografie und mehr). Alle anderen kaufen eins der hier eigens designten Kartenspiele. *Mo–Fr 11–13 und 15–19 Uhr | Katharinenberg 35 | Tel. 03831 70 33 60 | spiefa.de*

8 MARIENKIRCHE

366 Stufen musst du bis zur Aussichtsplattform auf 92 m erklimmen, dann hast du den Ausblick. Und zwar nicht nur über die Stadt, sondern bis weit nach Rügen. In der größten Kirche der Stadt (der Turm ist 104 m hoch) ist die mit viel Gold und Schnitzwerk verzierte Barockorgel (17. Jh.) der Blick- und Hörfang: Die 3500 restaurierten Orgelpfeifen klingen wie neu! Kostproben gibt es bei der Messe und bei gelegentlichen Konzerten. *Neuer Markt | st-mariengemeinde-stralsund.de*

ESSEN & TRINKEN

FISCHHALLE

In dieser urigen Imbissbude essen Stralsunder ihren Fisch – an der Theke ausgewählt, frisch für sie zubereitet. Die Favoriten: Sahnehering, Backfischbrötchen oder Fischsoljanka. *Tgl. | Neue Badenstr. 2 | nahe Ozeaneum | Tel. 03831 27 83 66 | €*

SCHIPPERHUS

Hier gibt's frischen Fisch, aber nicht nur: Für die Currywurst z. B. hat der Chefkoch seine eigene Sauce kreiert. Und die Portionen sind schön groß. *Tgl. | Langenstr. 40 | Tel. 03831 2 29 99 37 | €*

CAFÉ HÜHNERGOTT

Kuchen, Torten und Mittagsgerichte (wie Rotes Putencurry, Erbsen-Kokos-Suppe, Rote-Bete-Walnuss-Quiche) in der historischen Achtmannskammer oder in einem der hängenden Schaukelsessel im alten Rathaus. Göttlich! *Tgl. | Alter Markt | im Rathaus | Tel. 03831 3 09 27 87 | cafe-hühnergott.de | €*

TORSCHLIESSERHAUS

Urgemütlich ist diese Gaststätte im historischen Kütertor. Im gemauerten Schankraum mit ausgebautem Dachstuhl oder im Biergarten gibt's Deftiges und Zünftiges – und selbstverständlich frischen Fisch. *Di–So | Am Kütertor | Tel. 03831 29 30 32 | torschliesserhaus-stralsund.de | €€*

SHOPPEN

Handgemachtes Stralsunder Marzipan schmeckt anders, nämlich nicht so süß! Das liegt am höheren Mandelanteil. Portionen in allen Formen und Größen bekommst du im *Stralsunder Marzipanhaus (Jungfernstieg 1b | im Hotel am Jungfernstieg | Tel. 03831 443 80 | stralsunder-marzipan.de)*. Samstags wird verkostet: dafür telefonisch anmelden!

SPORT & SPASS

Im *Hansedom (Erlebnistherme Di–So 11–19, Sportbad Sa–Do 7.30–22.30, Fr 9–22.30 Uhr | Grünhufer Bogen 18–20 | hansedom.de)* warten Wellenbecken, Wildwasserrutsche, Saunen, Whirlpoollandschaft und ein Außenbecken. Das Erlebnisbad ist so riesig, dass du selbst in der Hauptsaison keine Platzangst bekommst. Oder du gehst bei gutem Wetter open air im *Strandbad (15. Mai–15. Sept. tgl. 9–18 Uhr | Eintritt frei)* schwimmen, es liegt von der Altstadt aus nur zehn Gehminuten die Sundpromenade hinunter.

AUSGEHEN & FEIERN

Auch wegen seiner Hochschule hat Stralsund ein junges Publikum. Nicht nur das trifft sich in der *Anker Werkstatt (tgl. | An der Fährbrücke 5 | Facebook)* mit Biergarten, Disco und Konzertbühne. Zum Clubben geht's ins *T1 (Fr–Mi ab 20, Do ab 18 Uhr | Heilgeiststr. 64 | t1-stralsund.de)* mit zwei Bars und großer Tanzfläche. Gediegener ist *Scheels (tgl. ab 18 Uhr | Fährstr. 23–25 | short.travel/rue14)*. In der Gewölbekneipe wird samstags ab 20 Uhr Livemusik gemacht: mal Jazz, mal Swing, mal poppiger. Die vielleicht coolste Bar der Stadt ist das *Wasserstoff (Di–Sa ab 16 Uhr | Badenstr. 24/25 | deinwasserstoff.de)*, eine ehemalige Segelmacherei am Hafen.

RUND UM STRALSUND

ALTEFÄHR

9 km von Stralsund, 15 Min. Autofahrt

Früher musste, wer von Stralsund nach Rügen wollte, mit der Fähre übersetzen – ins Dorf direkt gegenüber der historischen Altstadt, Altefähr eben. Heute muss man nicht, es macht aber Spaß und ist mehrfach täglich möglich *(Fahrplan auf weisse-flotte.de)*.

Toll ist der Blick vom jüngsten Seebad der Insel mit sandigem Top-Strand (dank Baderampe barrierefrei!) auf die Silhouette der Hansestadt. Nach einem Bad im Strelasund unbedingt an einem der bunten Treibholztische im *Strandhaus Altefähr (Mi–So | Strandpromenade 10 | Tel. 038306 624 50 | strandhaus-altefaehr.de)* einkehren:

INSIDER-TIPP **Genial gegrillt**

Ribs, Tandoori-Huhn oder Kabeljau im Pergament? Frisch unter freiem Himmel gegrillt wird alles. Vor oder nach dem Essen dann noch ab in die Bäume: Im *Waldseilpark Rügen (Juli/Aug. tgl. 10–19 Uhr, sonst s. Website | Klingenberg 25 | waldseilpark-ruegen.de)* liegen die Kletterparcours (auch speziell für Kinder) im Schatten der Bäume – herrlich im Sommer. F6

ERLEBNIS TOUREN

Lust, die Besonderheiten der Region zu entdecken? Dann sind die Erlebnistouren genau das Richtige für dich! Ganz einfach wird es mit der MARCO POLO Touren-App: Die Tour über den QR-Code aufs Smartphone laden – und auch offline die perfekte Orientierung haben.

1 ZWISCHEN HÜNENGRÄBERN UND SALZWIESEN

- Rügens geheime Überbleibsel aus der Jungsteinzeit erforschen
- Beim Hofcafé anhalten und Tiere gucken
- Am geschützten Neuensiener See entspannt durchatmen

Lancken-Granitz

Lancken-Granitz

ca. 6 km

2 Std.,
reine Gehzeit
rund 1 ½ Std.

leicht

15 m

Gut, Gänsemarsch muss es nicht sein, aber Tempo rausnehmen lohnt sich auf der Insel

Den Wagen stellst du am besten auf dem Parkplatz vor dem **Gemeindehaus** *(Dorfstr. 8) von* **❶ Lancken-Granitz** *ab.* Dort noch mal schnell nach dem Wetter erkundigen – und dann die *Dorfstraße hinab, danach links aus dem Dorf laufen. Du folgst einer kaum befahrenen Autostraße, bis du auf der rechten Seite ein Hinweisschild auf die Hünengräber siehst. Dort geht es den gut ausgetretenen Trampelpfad entlang.*

❶ Lancken-Granitz

1 km 15 Min.

JAHRTAUSENDEALTE GRABKAMMERN, STEINKREISE & EINE URIGE STIELEICHE

Im Schatten der Bäume liegt das erste und mit mehr als 20 m Länge größte **❷ Hünengrab**, entdeckt erst in den 1970er-Jahren. Einfach mit der (Handy-)Taschenlampe reinleuchten: Die Grabkammer wurde absichtlich nicht gefüllt, damit man sehen kann, wie das Grab gebaut wurde. Wie auf einer Perlenschnur aufgereiht *folgen den Trampelpfad entlang vier weitere* **❸ Hünengräber** in unterschiedlichem Zustand. Archäologen schätzen, dass sie bis zu 5000 Jahre alt sind. Die großen, einzeln stehenden Steine dienten als Wächtersteine. *Über einen Feldweg gelangst du zu zwei weiteren Hünengräbern*, die im Wald verborgen sind. Um eines ist ein besonders auffälliger Steinkreis gebaut,

❷ Hünengrab

0,1 km 1 Min.

❸ Hünengräber

0,3 km 5 Min.

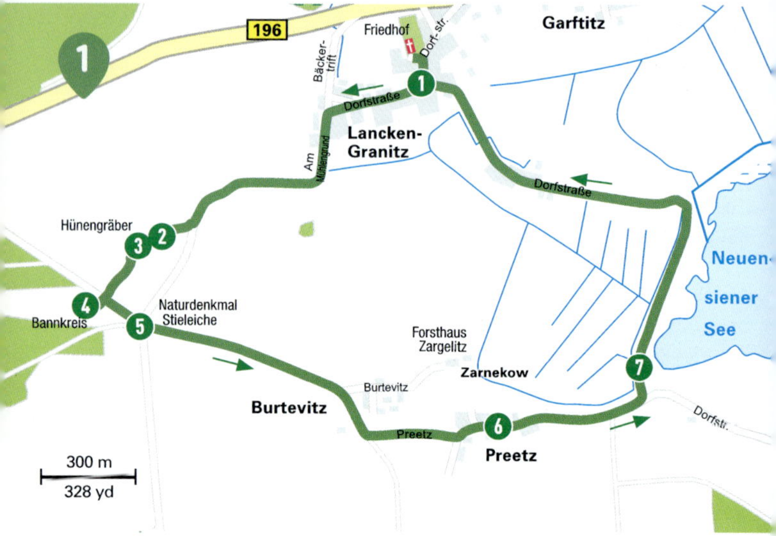

❹ Bannkreis

0,2 km 3 Min.

❺ Naturdenkmal Stieleiche

1,5 km 20 Min.

❻ Preetz

0,5 km 10 Min.

❼ Neuensiener See

ein sogenannter ❹ **Bannkreis**: Er sollte wohl Geister abhalten. *Noch ein Stück den Feldweg hinunter* siehst du ein hölzernes, überdachtes Rondell im Schatten eines Baums: Das ❺ **Naturdenkmal Stieleiche** ist geschützt, daneben hängt eine Karte mit Infos rund um die Hünengräber.

EIN PAUSENEIS BEI DEN (SIEBEN?) GEISSLEIN

Ab hier geht's im großen Bogen zurück, zunächst in Richtung „Brücke Seedorf". Siehst du links am Horizont das Jagdschloss Granitz? Am Gestüt von Burtevitz *vorbei weiter nach* ❻ **Preetz** *laufen.* Am anderen Ende des malerischen Dorfs mit Fachwerkhäuschen und Kopfsteinpflaster ist es Zeit für eine Pause: **Radler-Rast** *(tgl.)* heißt das wunderschön improvisierte Gartencafé des **Preetzer Hofs** *(preetzer-hof.de)*. Kaffee? Eis oder Hausgebackenes? Kinder (und nicht nur sie) können unterdessen den Zicklein im **Streichelzoo** über den Kopf streichen.

FRISCHE SEELUFT ATMEN

Zwischen Schafweiden und Wiesen geht es weiter in Richtung Seedorf, den ❼ **Neuensiener See** vor Augen.

Unmittelbar vor dem Ufer links einbiegen und schon bist du drin im Naturschutzgebiet. Das Schild mit der Eule weist darauf hin: In den Salzwiesen brüten seltene Wasservögel. Auf einer schmalen Holzbrücke mit Aussicht auf die Granitz überquerst du einen der Seeausläufer. *Am Ende des Uferwegs steht ein flaches Gebäude* in Weiß-Blau: ein Schöpfwerk, das Wasser aus dem See auf die Felder pumpt.

2 km 25 Min.

NOCH MAL KURZ ZUM ENGEL

Am Schöpfwerk biegst du links ab und läufst immer der Nase nach, bis du zurück bist in ① Lancken-Granitz. Schau doch vor der Abfahrt noch in der Kirche vorbei: Die Triumphbogenpfeiler, der schwebende Taufengel und die Kanzel (mehr als 400 Jahre alt) sind es wert!

① Lancken-Granitz

② AUF DEM BAHNDAMM DURCH SÜDRÜGEN

- Traumhafte Aussicht: viel Landschaft, Sund- und Boddenblick
- Die flachen Radwege sind auch für Gelegenheitsradfahrer super
- Große Auswahl an leckeren Zwischenstopps

Start	Bahnhof Altefähr	Ziel	Putbus
Strecke	ca. 47 km	Dauer	6 Std., reine Fahrzeit ca. 4 Std.
Schwierigkeit	leicht	Höhenmeter	30 m

Badesachen und Proviant für ein Picknick mitnehmen. Sowohl die Züge nach Altefähr wie auch die ab Putbus transportieren Räder (Fahrradtickets hinzulösen), so kommst du bequem hin und weg.
Die Strecke ist Teil des Ostseeküstenradwegs (himmelblaue Schilder).

❶ Bahnhof Altefähr

2 km 10 Min.

❷ Gasthof Grahler Fähre

6 km 25 Min.

❸ Gustow

10 km 40 Min.

❹ Rügener Inselfrische

6 km 25 Min.

ABKÜHLEN FÜR DIE MORDWANGE

Rügens Süden ist wie für Radfahrer gemacht, und der Radweg verläuft zu einem guten Teil auf dem Bahndamm einer stillgelegten Kleinbahntrasse, getrennt von der Straße. *Vom* ❶ **Bahnhof Altefähr** *aus fährst du auf der Altefähr* *➤ S. 113* *abgewandten Seite zum nahen* ❷ **Gasthof Grahler Fähre** mit Panoramablick auf Stralsund. Falls du dich vorsorglich abkühlen willst: Hier ist eine **Badestelle**. *Danach geht es auf dem ehemaligen Bahndamm weiter.* ❸ **Gustow** ist ein kleines Bauerndorf, aber seine **Kirche** ist erstaunlich imposant. Am Rand des Friedhofs steht ein hoher, mit Schriftzeichen und eingehauenen Blüten verzierter Stein: eine **Mordwange**, 1510 als Sühne für die Ermordung eines Pfarrers aufgestellt.

MILCH MACHT MÜDE MUCKIS MUNTER

Mitten durch die Felder führt der Radweg, parallel zum Strelasund. *In Venzvitz links abbiegen und dem Weg nach Poseritz folgen.* Erfrischung gefällig? Die ❹ **Rügener Inselfrische** *(Mo–Sa | Poseritz Hof 15 | ruegener-inselfrische.de)* ist nur einen kurzen Abstecher vom Radweg entfernt. Im Milchladen und Café werden frischer Quarkkuchen und alles, was man sonst noch Leckeres aus der hier gemolkenen Milch zaubern kann, serviert.

INSIDER-TIPP
Alles Quark!

EIN DORF WIE EIN MUSEUM

Weiter geht es zunächst neben der Deutschen Alleenstraße, dann biegst du rechts ab und fährst über Neparmitz bis zur Puddeminer Wiek. 5 Puddemin mit seinen reetgedeckten Häuschen ist ein verträumter Ort.

Autodrängler? Fehlanzeige! Rügen-Radeln ist richtig gemütlich

DARF'S NOCH EIN BISSCHEN KULTUR SEIN?

Ab Puddemin ist 6 Groß Schoritz *nicht weit.* Hier steht das Geburtshaus von Ernst Moritz Arndt. Es wird derzeit saniert und ist nur für Veranstaltungen geöffnet. Aber Umschauen ist erlaubt! Direkt gegenüber weht der Union Jack, und eine rote Telefonzelle im Englandstyle steht daneben. Warum? Weil Dr. Thomas Salender hier im Sommer in seinem Lädchen The Lamp Gallery *(lampgallery.de)* viktorianische Lampen anbietet, die er auf seinen Reisen quer durch Großbritannien gesammelt hat. Einfach mal angucken.

5 Puddemin

2 km 10 Min.

6 Groß Schoritz

6 km 20 Min.

Hinter der Schoritzer Wiek biegt der Radweg nach links ab. Durch die Felder erreichst du die kleine Stadt

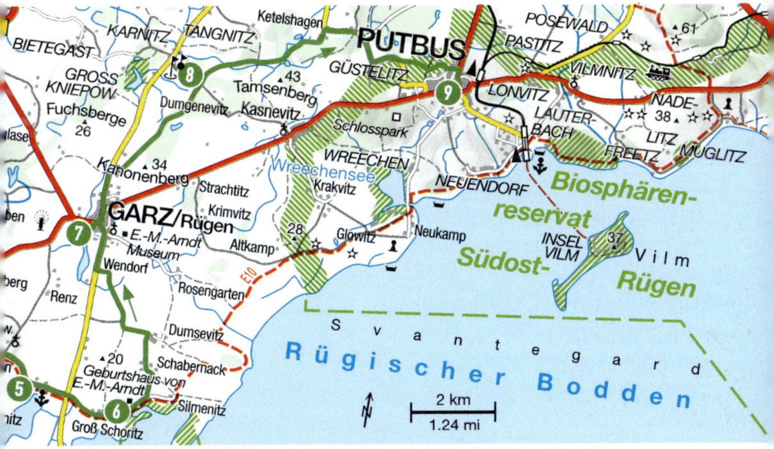

❼ Garz

6 km 30 Min.

❽ Jagdschloss Karnitz

9 km 35 Min.

❾ Putbus

❼ Garz ➤ S. 87 mit dem Ernst-Moritz-Arndt-Museum. Vorschlag: Erst ein bisschen Kultur aufsaugen und dann ein Picknick im nahen Park am Burgwall machen. Bevor du Garz verlässt, schau doch noch in der Rügener Senfmanufaktur *(Lange Str. 35)* vorbei: Dort darf man alle Sorten kosten.

Von der Straße nach Bergen halb rechts wieder auf den alten Bahndamm abbiegen. Es geht mitten durchs Grüne! *Linker Hand steht das* ❽ Jagdschloss Karnitz, in dessen Schatten ein Golfplatz ➤ S. 34 liegt. Leg kurz einen Stopp ein, um den Bau im Tudorgotik-Stil zu bewundern.

IN PUTBUS IST ZEIT FÜR DEN CIRCUS

Vorbei am Gutshaus Ketelshagen erreichst du ❾ Putbus ➤ S. 83: *Zum Kleinbahnhof fährst du über den Circus am Schlosspark vorbei in Richtung Binz.* Der Zug nach Bergen (und von dort weiter nach Altefähr) verkehrt stündlich, letzte Abfahrt ist um 19.11 Uhr. Es bleibt also genug Zeit, um vorher noch die Stadt zu erkunden!

Arndts Geburtshaus ist hübsch anzusehen, mehr über ihn verrät aber das Museum in Garz

3 RUND UM DEN TETZITZER SEE

- Einen Tag das Auto stehen lassen und mit dem Bus und zu Fuß reisen
- Träumen nachhängen in Rügens einsamster und ruhigster Landschaft, ganz nah am Bodden
- Wälder der Erde in den Banzelvitzer Bergen erforschen

Neuenkirchen	Rappin
ca. 11 km	3 ½ Std., reine Gehzeit rund 3 Std.
leicht	40 m

Nach Neuenkirchen kommt man ab Bergen mit dem Bus in Richtung Vieregge, zurück fährt der letzte Bus ab Rappin nach Bergen um 16.46 Uhr; die Fahrpläne auf *vvr-bus.de* prüfen!

Vom Bushalt in ① Neuenkirchen ➤ S. 90 *läufst du die Hauptstraße hinab und hoch zur* Kirche, die seit 1318 über das Dorf wacht. *Folg der Straße bergab,* in der Ferne blitzt der Bodden.

① Neuenkirchen

EIN AUSGEZEICHNETER WANDERWEG

Hinter dem verwitterten Gutshaus von Laase biegst du links auf den Plattenweg, der dich zur hölzernen Brücke über den Liddower Strom bringt. Der blau-weiß markierte Weg ist ausgezeichnet – sagt der Deutsche Wanderverband, der der Strecke, als einziger auf Rügen, ein Qualitätssiegel verliehen hat, auch weil man dem Bodden so nahe kommt wie nirgends sonst. Hier beginnt das 1088 ha große Naturschutzgebiet, in dem seltene Gänse und Enten rasten.

2,5 km 35 Min.

Das ② Kulturgut Liddow kommt dir bekannt vor? Na klar, hier wurde die Fernsehserie „Hallo Robbie" (s. S. 130) gedreht. Leider kann man das Gut nur von außen anschauen.

② Kulturgut Liddow

1 km 15 Min.

BEKANNTSCHAFT MIT DEM JASMUNDER BODDEN MACHEN

❸ Kuschwitzer Haken

2,5 km 35 Min.

❹ Bank

Der Tetzitzer See liegt zur Rechten, links weichen Felder bald offener Graslandschaft. *Am* ❸ **Kuschwitzer Haken** *triffst du auf den Großen Jasmunder Bodden:* Die Landzunge, die den Tetzitzer See von ihm trennt, ist kaum 200 Schritte breit. *Von einem rustikalen* **Unterstand** *aus* hast du einen tollen Blick über See und Bodden, während du von deinem Picknickproviant naschst.

Vorbei geht's an einem Wäldchen aus Windflüchtern, vom Ostseewind schief geblasenen Bäumen. Von einer ❹ **Bank** aus genießt du einen letzten Panoramablick über den Tetzitzer See, bevor *der Wanderweg landeinwärts zwischen Feldern weiterführt.* Siehst du die Hügel zur Rechten? Das sind die Banzelvitzer Berge, an ihrer höchsten Stelle ragen sie immerhin 45 m über dem Bodden auf.

1 km 15 Min.

ÜBER DIE BANZELVITZER BERGE ZU DEN WÄLDERN DER ERDE

Links biegt ein Pfad zur Boddenküste ab. Er stößt auf den Wanderweg in den bewaldeten Hügeln, die sich auf einmal wirklich wie Berge anfühlen. *Halte dich rechts, vorbei an einem* ⑤ **Aussichtspunkt** zur Halbinsel Jasmund und einer etwas versteckten ⑥ **Badestelle**. *Der Weg knickt rechts ab nach* ⑦ **Groß Banzelvitz**. Lust auf ein Eis? Das bekommst du beim **Campingplatz**, *der ein kleines Stück weiter geradeaus (es geht bergauf) liegt.* Dort ist auch der Eingang zu dem spannenden Erlebnispfad **Wälder der Erde** mit 19 Stationen (nicht nur) für Kinder.

⑤ Aussichtspunkt

1 km 15 Min.

⑥ Badestelle

1,2 km 20 Min.

⑦ Groß Banzelvitz

1,7 km 25 Min.

JETZT EIN SCHNITZEL!

Die Betonspurplatten führen geradewegs nach ⑧ **Rappin**. Die dortige **Backsteinkirche** wurde im 12. Jh. ohne Turm gebaut, der steht seit 1635 ein Stück von der Kirche entfernt und ist aus Holz. Gleich gegenüber serviert man dir im Landgasthof **Andernorts** *(tgl. | Dorfstr. 8–9 | andernorts-auf-ruegen.de)* Vegetarisches aus Bioanbau, aber auch Schnitzel und Fisch.

⑧ Rappin

Wo man auch wandert, Wasser ist auf Rügen nie weit

GUT ZU WISSEN

DIE BASICS FÜR DEINEN URLAUB

ANKOMMEN

ANREISE

Von der Küstenautobahn A20 kommt man über den Rügenzubringer auf die moderne Rügenbrücke und die dreispurig ausgebaute „Inselautobahn" B96n. Alternative: ab Altefähr auf der Deutschen Alleenstraße (über Garz–Putbus) in die Ostseebäder fahren oder von Mitte April bis Oktober ab Stahlbrode mit der *Glewitzer Fähre (tgl. Mai–Aug. 6–21.30, Mitte–Ende April, Sept./Okt. 6–20.10 Uhr | Fahrplan auf weisse-flotte.de)* auf die Insel übersetzen.

Stralsund, Binz und Bergen sind ICE-Bahnhöfe, zur Saison gibt es Züge in Richtung Hamburg und Berlin. Ab Stralsund bringen Regionalzüge Reisende im Taktverkehr über Bergen bis nach Sassnitz bzw. Binz *(bahn.de)*. Ab Bergen gibt es eine Stichstrecke nach Putbus und Lauterbach Mole, dort besteht Anschluss an den Rasenden Roland über Sellin bis Göhren *(ruegensche-baederbahn.de)*.

Stralsund, Bergen und die Ostseebäder sind ans deutsche Fernbusnetz angeschlossen, der größte Anbieter Flixbus *(flixbus.de)* fährt ab Berlin mehrmals täglich direkt, von anderen Städten aus mit Umsteigen.

Nach Hiddensee gelangt man nur mit dem Schiff: Vom Stralsunder Hafen aus fahren täglich mehrere Schiffe nach Vitte, Neuendorf und Kloster *(reederei-hiddensee.com)*. Alternativ fährst du bis Schaprode auf Rügen, wo du das Auto auf einem der großen Parkplätze abstellst und dann die Fähre nimmst (bis zu 15 Linienverbindungen am Tag, dazu Taxibootverkehr).

Auf dem Rügener Flughafen in Güttin kann man nur mit dem eigenen Flugzeug landen *(flugplatz-ruegen.de)*. Im Sommer gehen mehrere Linienflüge,

Kap Hoorn, Nordkap und wie sie alle heißen ... Rügen hat auch eins: Kap Arkona

auch aus Österreich und der Schweiz, nach Rostock-Laage, dort wartet ein Direktshuttle nach Rügen *(buchen auf ruegen.de/shuttle)*. Hamburg und Berlin sind die nächstgelegenen Flughäfen mit Verbindungen das ganze Jahr über.

WEITER-KOMMEN

AUTO

Drei von vier Straßen auf Rügen sind Alleen – deshalb auch tagsüber mit Licht fahren, man wird dann besser gesehen. Außerdem sind die Alleen so eng, dass man besser kurz einem Traktor hinterherzuckelt, als ein Risiko einzugehen.

Das Navi wird dich das eine oder andere Mal auch über einspurige Strecken führen: Die aus Betonplatten verlegten Wege sind oft Abkürzungen, führen über Felder und waren ursprünglich für Landmaschinen ausgelegt. Nicht zu schnell fahren und auf Gegenverkehr achten, aneinander vorbei kommt man nur an den Ausweichstellen!

FÄHREN

Zwei Wege führen nach Wittow, einer davon über Trent und die *Wittower Fähre (Fahrplan und Tarife auf weisse-flotte.de)*. Die Autofähre (die Überfahrt dauert nur wenige Minuten) fährt ganzjährig ab 5.50 Uhr und abends maximal bis 21 Uhr *(April, Sept./Okt. bis 20, Nov.–März bis 19 Uhr)*. Schilder am Straßenrand kündigen schon kurz hinter Bergen die Abfahrtzeiten an. Stranden wird man aber nicht: Schlimmstenfalls den längeren Weg über Bergen und die Schaabe fahren. Vom Fährhafen Sassnitz aus kann man in der Saison täglich auf der Autofähre nach Trelleborg (Schweden) weiterreisen *(frs-baltic.com)*.

ÖFFENTLICHE VERKEHRSMITTEL

Außer den Zügen (s. Anreise) erschließen Busse weite Teile der Insel, einige mit Fahrradanhängern *(Fahrpläne und Infos auf vvr-bus.de)*. Zum Nahverkehr gehört auch der Shuttlebus, der achtmal am Tag von Sassnitz zum Nationalpark-Zentrum Königsstuhl ablegt. Wenn du einen Ausflugstag ohne Auto planst, lohnt sich vielleicht das Bernsteinticket *(bernsteinticket.com)*, mit dem du Bus und Zug einen Tag lang nutzen kannst.

TAXI

Taxiruf Bergen (Tel. 03838 25 25 25); *Taxiruf Binz (Tel. 038393 24 24)*; *Taxiruf Göhren (Tel. 038308 2 54 24)*; *Taxiruf Sassnitz (Tel. 038392 30 30)*; *Taxiruf Stralsund (Tel. 03831 49 49 49)*. Von Hiddensee aus kann man ein *Wassertaxi (reederei-hiddensee.com)* rufen, wenn die letzte Fähre schon abgefahren ist.

IM URLAUB

AUSKUNFT

- Tourismuszentrale Rügen *(Circus 16 | 18581 Putbus | Tel. 03838 80 77 80 | ruegen.de)*
- Insel Information Hiddensee *(Achtern Diek 18a | 18565 Vitte | Tel. 038300 60 86 85 | seebad-hiddensee.de)*
- Tourismuszentrale Stralsund *(Alter Markt 9 | 18439 Stralsund | Tel. 03831 25 23 40 | stralsundtourismus.de)*

BADEN

Einmal im Jahr wird die Badewasserqualität am Ostseestrand und im Binnenland gemessen. Für Rügen ein Grund zum Feiern, denn an die Bestnoten hat man sich hier fast schon gewöhnt. Wer trotzdem noch mal nachschauen will, findet die Karte hier: *short.travel/rue7*.

Auch an Badestränden kann es je nach Stelle und Gezeiten gefährliche Unterströmungen geben. Darum nicht zu weit hinausschwimmen und ein Auge auf Kinder haben. An bewachten Stränden wird geflaggt: Wenn die rot-gelbe Fahne weht, ist alles gut. Die gelbe Fahne warnt vor ungünstigem Wetter oder Strömung. Nur noch sehr geübte (und erwachsene) Schwimmer sollten dann ins Wasser. Bei roter oder schwarz-weißer Fahne herrscht absolutes Badeverbot: Unbedingt daran halten, die Rettungsschwimmer wissen, was sie tun!

INTERNETZUGANG & WLAN

Du bist auf dem Land: Das Handynetz deckt nicht die ganze Insel ab und das Internet ist auf Rügen (noch) langsamer als in deutschen Großstädten. Die meisten Ferienhäuser und Hotels haben aber WLAN. Derzeit wird daran gearbeitet, Public WLAN auf ganz Rügen einzurichten – zumindest in den größeren Orten soll man dann bald schon kabellos surfen können, während der ersten 15 Minuten kostenlos.

KURTAXE

Kurtaxe musst du in allen Badeorten zahlen, Tagesgäste kaufen eine Tageskarte. Achte auf die Schilder am

FESTE & EVENTS
RUND UMS JAHR

MÄRZ/APRIL
Rügener Festspielfrühling (überall auf der Insel), *festspiele-mv.de*
Abend vor Ostersonntag: Auf Rügen werden die Osterfeuer angezündet: In Sellin mit Stockbrot braten, in Baabe am Fischerstrand, in Sassnitz auf dem Kurplatz. Gleich 20 Feuer sind es am Strand von Binz. In Sagard brennt das Osterfeuer traditionell erst am Montag.

MAI/JUNI
Putbus-Festspiele, *putbus-festspiele.de:* klassische Musik und junge Künstler, manche Konzerte sind gratis.

JUNI BIS SEPTEMBER
Störtebeker-Festspiele (Naturbühne Ralswiek), *stoertebeker.de*: s. S. 82
Festspielsommer (überall auf Rügen), *festspiele-mv.de*
Palucca Tanzwoche (Hiddensee), *see bad-hiddensee.de:* eine Woche lang Tänzern zusehen und mittanzen nach Motiven der Wahl-Hiddenseer Tänzerin Gret Palucca.

JULI/AUGUST
Sundschwimmen (von Altefähr nach Stralsund), *sundschwimmen.de*
Wallensteintage (Stralsund), *wallensteintage.de:* rund um den 24.7.
Seebrückenfest (Sellin), Ende Juli
Selliner Sommer Open Air: Konzerte bekannter (Pop-)Acts im Juli/August
Baaber Bollwerkfest, im August

SEPTEMBER/OKTOBER
Asta-Nielsen-Tage (Hiddensee), *see bad-hiddensee.de:* mit Filmen, Vorträgen und Spaziergängen
Tour d'Allée, *tda-ruegen.de:* Radtouren zwischen 20 und 115 km
Rügenbrücken-Marathon (Start/Ziel in Stralsund), *ruegenmarathon.de*

DEZEMBER
Silvesterfeuerwerk ist in vielen Dörfern Rügens wegen der Rohrdächer nicht erlaubt. Umso spektakulärer die Höhenfeuerwerke, etwa in Baabe oder Sellin. Am Kap Arkona startet das Feuerwerk schon um 17 Uhr, in Binz um 18 Uhr.

Strandzugang, auch einige unscheinbare Orte sind kurkartenpflichtig. Das Geld dafür ist gut investiert: Oft darf man mit der Kurkarte z. B. den örtlichen Busverkehr oder die öffentlichen Toiletten kostenfrei benutzen. Auf Hiddensee ist die Kurtaxe für den Anreisetag schon im Fahrpreis der Fähre enthalten.

WAS KOSTET WIE VIEL?

Kaffee	3 Euro *für einen Becher*
Bier	etwa 3 Euro *für 0,3 l vom Fass*
Snack	3,50 Euro *für ein Fischbrötchen*
Kurtaxe	von 1,50 Euro in Dranske bis 3,25 Euro in Baabe/Göhren/Sellin *pro Tag in der Hauptsaison*
Strandkorb	7 bis 24 Euro *pro Tag je nach Lage*
SUP-Board	etwa 40 Euro *Miete pro Tag mit Neoprenanzug*

ÖFFNUNGSZEITEN

Unter der Woche gilt die Regel: Je größer der (Urlaubs-)Ort, desto länger ist geöffnet. Zwischen Ende März und Oktober gilt die Bäderregelung. Dann haben die großen Supermärkte sonntags zwischen 13 und 18 Uhr geöffnet, dürfen aber nur Lebensmittel und Gegenstände des täglichen Bedarfs verkaufen. Im Hinterland ist nicht nur sonntags, sondern oft auch über Mittag geschlossen. Neben Läden machen auch Restaurants und Hotels jenseits von Bergen und Bäderküste außerhalb der Saison für einige Wochen oder sogar Monate dicht – im Zweifel vorher kurz anrufen.

PREISE

Meer, Strand, Natur: Rügens größte Sehenswürdigkeiten kosten nichts. Das meiste andere ist im Vergleich vor allem zu westdeutschen Großstädten günstig. Das fängt beim Essen an und geht bei den Eintrittspreisen weiter – oft kostet der Einlass nur wenige Euro. Teurer, wenn auch ihr Geld wert, sind die ganz großen Attraktionen, das Ozeaneum in Stralsund *(Eintritt 17 Euro)* etwa oder das Naturerbe Zentrum in Prora *(12,50 Euro)*. Hier lohnt es sich, nach Familien- oder Kombitickets zu fragen, die teils deutlich günstiger sind als Einzeleintritte.

RUNDFAHRTEN

Rund um Rügen, das geht auf viele Weisen: Von oben betrachten kannst du die Insel mit der Propellermaschine *(ab Güttin | flugplatz-ruegen.de)* oder dem Hubschrauber *(Landeplätze in Sagard und Mukran | ruegen-helikopter.de)*. Ganz schön edel ist es mit dem Heißluftballon, Pilot Andreas Golze kommt extra zur Insel *(sanfteriesen.de)*. Einen ganzen Tag (10 Std.) dauert die Fahrt rund um Rügen zu Wasser *(adler-schiffe.de)*, immer montags ab Sassnitz und den Ostseebädern.

Zu Land gibt es Touren im alten Hanomag-Geländewagen *(hanomag-tours.de)*. Oder du mietest einen echten Trabi *(auto-dombrowski.de/trabi-ver mietung)*. Auch in Hot Rods, kleinen Rennwagen, kann man die Insel entdecken *(hotrod-ruegen.de)*. Die vielleicht ungewöhnlichste Tour: im Dog-Scooter, einem Hundeschlitten auf Rädern *(livinginwoods.de)*. Stralsund kannst du vom Wasser aus bei einer geführten Tour im Kajak errudern *(sundpaddeln.de)*.

INSIDER-TIPP
Folge dem Wuff!

SCHIFFSFAHRTEN

Zwischen den Seebädern Binz, Baabe, Sellin und Göhren hast du die Möglichkeit, von Seebrücke zu Seebrücke zu hoppen – übrigens auch eine tolle Möglichkeit, Staus zu umgehen! Fahrten entlang der Kreidefelsen und zum Kap Arkona starten vom Sassnitzer Stadthafen aus. Ab Lauterbach kannst du einmal täglich nach Vilm und mehrmals am Tag rund um Vilm fahren, auch Expeditionen zu den Robbenbänken gibt es. Und wenn die Kraniche auf Ummanz landen, werden ab Schaprode Kranichfahrten angeboten. *ruegen-schifffahrt.de*

VERANSTALTUNGSHINWEISE

Fünfmal jährlich erscheint „Urlaub à la Rügen" mit ausführlichem Veranstaltungsteil; das Magazin liegt in jedem zweiten Rügener Geschäft aus.

NOTFÄLLE

NOTRUFE

Feuerwehr, Rettungsdienste: *Tel. 1 12*; *Polizei*: *Tel. 1 10*

WETTER AUF RÜGEN

Hauptsaison
Nebensaison

	JAN.	FEB.	MÄRZ	APRIL	MAI	JUNI	JULI	AUG.	SEPT.	OKT.	NOV.	DEZ.
Tagestemperaturen	2°	2°	4°	8°	13°	17°	19°	19°	17°	12°	7°	4°
Nachttemperaturen	-2°	-2°	0°	3°	7°	11°	14°	14°	12°	8°	3°	0°
Sonnenschein Stunden/Tag	1	2	4	6	8	10	8	8	6	4	2	1
Niederschlag Tage/Monat	9	8	7	8	7	7	9	9	9	9	10	11
Wassertemperatur in °C	3	2	3	6	11	16	18	19	16	12	8	5

Sonnenschein Stunden/Tag Niederschlag Tage/Monat Wassertemperatur in °C

URLAUBS FEELING

ZUM EINSTIMMEN & AUSKLINGEN

LESESTOFF & FILMFUTTER

KRUSO

Zwei Männer in der Hiddenseer Gaststätte Zum Klausner im Sommer 1989: Lutz Seiler erzählt eine unwiderstehliche Geschichte (2014) über Freundschaft, Freiheit und die Aussteiger, die Hiddensee in der DDR anzog. Preisgekrönt und leicht zu lesen!

HEISSER SOMMER

Kultfilm (1968) aus der DDR, eine Art realsozialistisches Grease. Leipziger Oberschülerinnen kabbeln sich mit Oberschülern aus Karl-Marx-Stadt, nachdem der heiße Sommer sie nach Rügen getrieben hat.

SCHABERNACK

Sechster Hiddensee-Krimi (2022) um die beiden Dorfpolizisten Damp und Rieder. Jede Seite steckt voller liebevoll recherchierter Inseldetails, und der ARD-Journalist und Hiddensee-Kenner Tim Herden verzichtet auf zu viel Blut und Brutalität.

HALLO ROBBIE!

ZDF-Serie (2001–2009) um die Seelöwin Robbie, die der Leiter der Seehund-Aufzuchtstation auf Rügen zu Hause aufnimmt. Gedreht in und um Neuenkirchen herum, mit vielen Landschaftsaufnahmen und top für Familien.

PLAYLIST STURM, SALZ & SEE

0:58

SANTIANO – FREI WIE DER WIND
Poppig-moderner Shanty von der Band, die jährlich die Störtebeker-Saison beschließt.

COR – OHSTSEE FÖRT LÄBEN
Punkig angehauchte Heavy-Metal-Hymne über die Ostsee von der einzigen rügenschen Metalband.

NINA HAGEN – DU HAST DEN FARBFILM VERGESSEN
„Hoch stand der Sanddorn am Strand von Hiddensee" – nicht nur wegen dieser ersten Zeile immer wieder ein Sommerhit.

FRIEDEMANN – AM MEER
Ein Bergener, seine Stimme plus Gitarre und Akkordeon: der COR-Frontmann kann auch Liedermacher!

THE ABERLOUR'S – MIN LEEVSTEN
Norddeutscher Klassiker goes Irish Folk, sommers kommt die Band auf ihrer „Ottertour" auf Rügen vorbei.

Den Soundtrack zum Urlaub gibt's auf **Spotify** unter **MARCO POLO Ostsee**

Oder Code mit Spotify-App scannen

AB INS NETZ

WIRSINDINSEL.DE
Das Onlinemagazin für Rügenurlauber bringt aktuelle Tipps und News.

STRALSUND APP UND RÜGEN APP
News und wichtige Infos für die Hansestadt bzw. die Insel, stets aktualisiert von den Tourismuszentralen

RUEGENTV.DE
Rügen hat seinen eigenen Fernsehsender! Den schauen auch die Einheimischen, um auf dem Laufenden zu bleiben. Einmal pro Woche gibt es eine halbstündige Sendung, dazu mehrmals wöchentlich längere Filme rund um alles, was neu ist auf der Insel.

RÜGENZEIT APP
Urlaubsplaner mit Veranstaltungsterminen und täglich aktuellen Infos über Whatsapp oder z. B. den Facebook Messenger, Kosten: keine!

RUEGENFOTOS
Fotograf Mirko Boy postet auf seinem Instagram-Kanal Fotos von Deutschlands schönster Insel. Achtung: Sehnsuchtsalarm!

TRAVEL PURSUIT

DAS MARCO POLO URLAUBSQUIZ

Weißt du, wie Rügen tickt? Teste hier dein Wissen über die kleinen Geheimnisse und Eigenheiten von Land und Leuten. Die Lösungen findest du in der Fußzeile. Und ganz ausführlich auf den S. 18–23.

❶ Was streckt die Skulptur in der Stralsunder Karrenstraße dem Besucher fröhlich entgegen?

a) die ausgestreckten Hände
b) einen Topf voll Gold
c) ihren Hintern

❷ Wie alt ist die Rügener Inselkreide?

a) mehr als 600 000 Jahre
b) mehr als 6 Mio. Jahre
c) mehr als 60 Mio. Jahre

❸ Was braucht man, um Sanddorn zu ernten?

a) Gummihandschuhe, Eimer und Pflaster
b) Pinzette, Lupe und Eimer
c) Heckenschere und Bottich

❹ Eines der berühmtesten Gebäude von DDR-Architekt Ulrich Müther steht am Strand von Binz und heißt ...

a) Ostseeperle
b) Ufo
c) Mufuti

❺ Bernstein erkennt man daran, dass er ...?

a) im Wasser grün anläuft.
b) unter Wasser brennt.
c) auf Salzwasser schwimmt.

❻ Wann fuhr der Rasende Roland zum ersten Mal über die Insel?

a) 1795
b) 1895
c) 1915

Lösungen: 1c, 2c, 3a, 4b, 5c, 6b, 7c, 8c, 9b, 10b, 11a, 12a

Eisern im Dienst: Der Rasende Roland schnauft schon lange durch die Landschaft

❼ Was ist ein Hühnergott?

a) ein Hahn mit einem besonders hübschen Kamm

b) eine vorzeitliche Gottheit aus der Jaromarsburg

c) ein Stein mit einem Loch in der Mitte

❽ Wohin kommen jedes Jahr viele Zuschauer, um Störtebeker zu sehen?

a) nach Dranske

b) nach Rambin

c) nach Ralswiek

❾ Was passierte der Sage nach mit denen, die Hertha beim Baden nackt gesehen hatten?

a) Sie wurden von ihr in Bäume verwandelt.

b) Sie wurden vom Herthasee verschlungen.

c) Sie wurden von der Göttin vernascht.

❿ Wer sich früher auf Rügen das Dach mit Rohr deckte, der war ...

a) schon damals umweltbewusst.

b) arm.

c) traditionsbewusst.

⓫ Was riet der Rügener Heimatdichter Johann Jacob Grümbke den Vätern?

a) „Wollt Ihr Eure Söhne bilden, dann schickt sie bloß nicht an Universitäten."

b) „Wollt Ihr Eure Söhne strafen, dann schickt sie im Fischkutter von der Insel."

c) „Wollt Ihr Eure Söhne nicht verblöden, dann baut Universitäten."

⓬ Wer auf Rügen geboren wird, der ist ein ...

a) Rüganer

b) Rügener

c) Rane

REGISTER

LOB ODER KRITIK? WIR FREUEN UNS AUF DEINE NACHRICHT!

Trotz gründlicher Recherche schleichen sich manchmal Fehler ein. Wir hoffen, du hast Verständnis, dass der Verlag dafür keine Haftung übernehmen kann.

MARCO POLO Redaktion • MAIRDUMONT • Postfach 31 51
73751 Ostfildern • info@marcopolo.de

Impressum
Titelbild: Fischerboot am Strand im Ostseebad Binz (Look: C. Bäck)
Fotos: DuMont Bildarchiv: R. E. Jung (84), S. Lubenow (Klappe hinten, 2/3, 6/7, 12/13, 19, 24/25, 35, 47, 58/59, 73, 76/77, 99, 102, 106/107, 120, 130/131), O. Meinhardt (30/31, 114/115); M. Engelhardt (135); huber-images: C. Bäck (14/15, 100, 104/105), F. Carovillano (111), L. Da Ros (20), B. Grundmann (92), R. Schmid (42/43, 54, 71); Laif: M. Amme (32/33), G. Haenel (88), M. Jaeger (26/27), Kirchner (9, 57), D. Schwelle (10, 11), P. Spierenburg (53); Look: O. Bathke (38/39), H. Dressler (66, 119), A. Haug (91, 127), S. Lubenow (Klappe vorne außen, Klappe vorne innen/1, 87), Roetting/Pollex (65); S. Lubenow (112); mauritius images: C. Bäck (8, 81, 123), H. Blossey (124/125), A. Heinzelmann (34), F. Herrmann (94/95), R. Mirau (31), P. Widmann (74); mauritius images/Alamy: Zoonar (27); mauritius images/imagebroker: R. Kerpa (63), S. Lubenow (50), H. Zaglitsch (48); mauritius images/pa: J. Büttner (132/133); mauritius images/United Archives (82); picture-alliance/ZB: J. Büttner (22); vario images/McPHOTO (69)

19., aktualisierte Auflage 2023
© MAIRDUMONT GmbH & Co. KG, Ostfildern
Autor: Marc Engelhardt
Redaktion: Franziska Kahl
Bildredaktion: Anja Schlatterer
Kartografie: © MAIRDUMONT, Ostfildern (S. 36–37, 116, 118–119, Umschlag außen, Faltkarte); Kompass Karten GmbH, A-Innsbruck © MAIRDUMONT, Ostfildern (S. 122, Faltkarte Nebenkarten); © MAIRDUMONT, Ostfildern, unter Verwendung von Kartendaten von OpenStreetMap, Lizenz CC-BY-SA 2.0 (S. 40–41, 44, 49, 60–61, 75, 78–79, 85, 96–97, 101, 108–109)
Als touristischer Verlag stellen wir bei den Karten nur den De-facto-Stand dar. Dieser kann von der völkerrechtlichen Lage abweichen und ist völlig wertungsfrei.
Gestaltung Cover, Umschlag und Faltkartencover: bilekjaeger_Kreativagentur mit Zukunftswerkstatt, Stuttgart; Gestaltung Innenlayout: Langenstein Communication GmbH, Ludwigsburg
Texte hintere Umschlagklappe: Lucia Rojas
Konzept Coverlines: Jutta Metzler, bessere-texte.de

MIX
Papier aus verantwortungsvollen Quellen
FSC® C124385

Printed in China

MARCO POLO AUTOR
MARC ENGELHARDT
In der Ruhe seines Ferienhauses mit Blick auf den Jasmunder Bodden schreibt der Auslandskorrespondent seine Bücher. So der Plan. Meistens locken ihn dann aber doch der Strand an der Schaabe, die unberührte Natur im Westen der Insel oder sein Lieblingsbuchladen vom Schreibtisch weg. So hat er ständig neue Ecken auf Rügen erkundet. Und seine Bücher dann eben nachts fertig geschrieben.

BLOSS NICHT!

FETTNÄPFCHEN UND REINFÄLLE VERMEIDEN

PUTGARDEN STATT PUTGARTEN INS NAVI TIPPEN

Sonst landest du nach drei Stunden Fahrt nicht am Kap Arkona, sondern auf der Insel Fehmarn. Da ist es zwar auch schön, aber du bist trotzdem falsch. Wenn das Navi kleinere Orte auf Rügen nicht findet, dann oft, weil sie als Straße des nächsten Hauptorts gelistet sind.

DURCH DIE DÜNEN TRAMPELN

Die Dünen nur auf den angelegten Wegen durchqueren, sonst zerstörst du den wichtigsten Schutz gegen Sturmfluten.

DIE SONNE UNTERSCHÄTZEN

An der Ostsee sorgt der Wind im Sommer für angenehme Temperaturen – die Sonne brennt trotzdem erbarmungslos vom Himmel, bloß nicht Sonnencreme und Kopfbedeckung vergessen!

ZIGARETTENSTUMMEL IM SAND ENTSORGEN

In Zigarettenfiltern sammeln sich Teer und Zusatzstoffe, die kleine Kinder vergiften und Tiere töten können. Auch sonst solltest du allen Müll vom Strand wieder mit zur nächsten Mülltonne nehmen: Er verschandelt nicht nur die Strände, sondern landet irgendwann im Meer, wo heute schon riesige Müllinseln die Tierwelt bedrohen.

DAS LEBEN AM STEILUFER RISKIEREN

Rügens Kreideküste sieht schön aus, bröckelt aber. Auf keinen Fall zu nah an den Rand gehen: Manche Urlauber stürzten schon ab, weil sie fürs perfekte Selfie noch einen Schritt rückwärts ins Leere traten. Lebensgefährlich kann es auch sein, unter dem Steilufer langzulaufen, vor allem nach starkem Regen oder bei Tauwetter. Über und unter dem Kliff an Hinweise und Absperrungen halten!